AF452787

LA PREMIÈRE RACE
DES COMTES D'ALBON

GEORGES DE MANTEYER

LES ORIGINES DU DAUPHINÉ DE VIENNOIS

La première race des comtes d'Albon

(843-1228)

GAP

IMPRIMERIE JEAN & PEYROT, 6, AVENUE DE PROVENCE

1925

A Monsieur Paul Fournier,

qui, le premier, il y a quarante ans, à Grenoble,
dans la plénitude de sa jeunesse
me fit connaître et aimer le nom de l'Ecole des Chartes
avec celui du Palais Farnese.

Manteyer, 28 décembre 1924.

M.

*Cette conférence a été prononcée à Grenoble
dans la chaire d'histoire de la faculté des lettres,
le 23 janvier 1923.*

Extrait du *Bulletin de la Société d'Etudes des Hautes-Alpes*,
44ᵉ année, 5ᵉ série, t. IV, pp. 50-140.

Messieurs,

Pour répondre au désir qu'ont bien voulu me manifester vos maîtres, je dois vous exposer ce que je puis savoir de deux problèmes assez obscurs relatifs à l'histoire de cette province.

Tout d'abord, comment s'est élevée, du Xe au XIIe siècle, la première Maison des comtes d'Albon, ancêtres des Dauphins de Viennois.

Ensuite, d'où provient ce surnom de Dauphin reçu dès le XIIe siècle par les comtes d'Albon.

Pris un peu au dépourvu par cet aimable appel, j'ai pu, heureusement, grâce à l'obligeance d'un ami, retrouver ces jours-ci. à Paris, des notes du siècle passé prises, à cet égard, du 1er août 1894 au 26 janvier 1895, par un jeune homme que j'ai beaucoup connu et que j'avais, je l'avoue, perdues de vue depuis lors. Mon rôle se borne, devant vous, à les grouper et à y ajouter quelques références récentes.

J'aborde donc le premier de ces deux objets.

LES ORIGINES
DU DAUPHINÉ DE VIENNOIS

La première race des comtes d'Albon

(843-1228)

La province de Dauphiné grandit dès le début du XIe siècle et ce pays nouveau — cette « patrie », disait-on volontiers dès le XIVe siècle, — ne s'est assurément pas fait tout seul. En effet, les peuples, comme les individus, ne se créent pas eux-mêmes. La France actuelle est l'œuvre de la Maison de France assise tout d'abord entre Loire et Seine, de Tours à Paris : une telle œuvre a demandé dix siècles d'efforts constants et de ténacité finalement heureuse après les plus grands revers. De même, entre la Savoie et la Provence, le Dauphiné reste l'héritage vivant de la Maison d'Albon.

Les origines de cette Maison et les causes de son élévation sont encore peu précises, parce que les recueils principaux de textes diplomatiques du Xe et du XIe siècles, à défaut des sources narratives qui manquent absolument ici, sont restés inédits jusqu'à nos jours : les historiens dauphinois du XVIIe et du XVIIIe siècles, Chorier et Valbonnais, n'en ont connu ou fait connaître que des bribes. Depuis l'édition des cartulaires de Domène et de Grenoble par M. de Monteynard et par M. Marion, depuis celle des cartulaires viennois par l'infatigable et grand érudit de

Romans, M. Ulysse Chevalier, mû par son maître M. Giraud, depuis la publication des chartes de Cluny due à
M. Bruel, l'heure est venue de fixer ces origines : il est
toujours bon de savoir d'où l'on sort.

L'abord de ce problème, il y a trente ans, ne paraissait
pas, malgré tout, aisé. Par prudence, il parut alors bon,
après l'avoir étudié et avant de conclure, d'en déblayer les
approches et d'en faire exactement le tour, si l'on peut
dire, afin d'en isoler le relief. De fait, les origines de la
Provence, au sud, et celles de la Savoie, au nord, n'étaient
pas non plus bien claires au Xe siècle. La Maison de Savoie
se complaisait dans la fable de son origine saxonne — et,
d'ailleurs, elle s'y complaît encore — pendant qu'à Marseille, l'archiviste en chef des Bouches-du-Rhône lui-
même, et c'est tout dire, M. Blancard, s'égarait dans les
ténèbres qu'il voulait éclairer.

Pour reconnaître les profondeurs fort obscures des mas-
sifs voisins, tout d'abord, en 1899, en 1901, en 1904, trois
mémoires ont paru qui sont relatifs aux origines de la
Maison de Savoie, puis en 1908 un volume consacré aux
origines embrouillées de la Provence. Une dernière note au
sujet de la Savoie, des études qui concernent les comtes
de Valentinois et les comtes de Lyonnais sont venues s'y
joindre ; elles n'ont jamais vu le jour, mais on peut en faire
état [1].

Le terrain qui a vu naître les comtes d'Albon se trouve
donc ainsi maintenant bien délimité : puisqu'on le veut,
nous allons le parcourir d'une manière brève en faisant
connaître tout simplement les premières générations qui y
ont grandi, leurs alliances de famille et la politique qui leur
a permis de s'établir en maîtres.

*
* *

Dès le milieu du Ve siècle (5 mai 450), le sud-est de la
France moderne entre le Rhône et les Alpes, se trouve
partagé en deux régions distinctes : celle de Vienne, qui
est la province Viennoise, occupée dès lors par les Barba-

res, c'est-à-dire par les Burgondes (Tarentaise, Genève, Grenoble, Valence et Vienne). Celle d'Arles est ce qui reste encore à Rome de la province romaine, c'est désormais la Provence[2].

Dans la province viennoise elle-même, quelques années plus tôt déjà, en 443, la cité de Grenoble s'est trouvée divisée par la première occupation des Barbares d'une manière qui devait être définitive : les Burgondes prennent le nord du diocèse de Grenoble avec celui de Genève et ce sera désormais la Savoie, tandis que le sud du diocèse, pris seulement par eux en 457 avec Vienne, sera la base du Dauphiné.

A la fin du IXe siècle, l'empire français des Carolingiens s'émiette entre les nations diverses d'origine qui le composent et il disparaît dans le sein confus du régime féodal : dès lors, si le centre religieux du monde demeure Rome, le centre politique de l'Europe se déplace et il marche peu à peu de l'ouest vers l'est. Parti de Reims et d'Aix-la-Chapelle où Charlemagne le place à la limite du monde roman, il va se fixer en terre germanique à Francfort sur le Main, puis, descendant le Danube, les empereurs germaniques le fixent à Vienne, porte des pays slaves et ougriens. Le génie de Napoléon, se rendant le maître de l'empire, l'a reporté de Vienne à Paris, mais vainement, car le génie dure peu de temps et ne peut arrêter l'évolution profonde de l'humanité. Le XIXe siècle a donc vu le siège de l'empire atteindre Berlin et, pour un empire germanique, il ne pouvait aller plus loin, mais il pourra se fixer à Moscou, ce qui, pour un empire slave, est se placer à la porte de l'Asie. Aix-la-Chapelle, Vienne et Moscou, voilà les trois étapes successives et identiques d'un empire roman, germanique et slave se propageant de l'ouest à l'est comme une vague qui met dix siècles à franchir l'Europe. Dès le début du XIIIe siècle, à Bouvines, la France a définitivement mis fin à sa dépendance de cet empire de plus en plus oriental qui lui avait échappé et qui aurait voulu la dominer toujours, puisqu'il était l'Empire : l'instinct de la France a été de repousser jusqu'aux Alpes et jusqu'au Rhin le plus proche cet empire qui lui était devenu étranger. Au début de cette marche séculaire, quand il quittait la France pour la Germanie, sous Louis l'Aveugle (15 février 901-juillet 905), le siège politique de l'empire se fixe un instant sur le Rhône. Avec ce fils adoptif de Charles le Gros, Vienne est, comme Rome, le centre du monde, mais Louis, lui, n'était pas un génie et la destinée de Vienne, en le perdant, était de devenir peu à peu l'une des sous-préfectures du département de l'Isère.

Depuis l'élection de Boson à Mantaille (15 octobre 879), Vienne était déjà la capitale d'un royaume qui comprenait non seulement la Viennoise, mais aussi la Provence et la Bourgogne. Après la mort de Louis l'Aveugle, le Viennois dépend de la France pendant près de dix ans (933-942), puis du roi de Bourgogne jurane (942-1032) et celui-ci féodalement arrive à dépendre lui-même de l'empire [*]. Depuis lors, c'est Arles qui remplace Vienne comme capitale du royaume de Bourgogne, malgré les efforts des archevêques viennois : c'est à Arles que les souverains vont désormais prendre la couronne bourguignonne tant qu'elle subsiste plus ou moins.

*
* *

Ainsi, c'est dans l'entourage de Louis l'Aveugle (890-928) ou du premier personnage de son royaume, Hugues, fils du comte de Viennois Thibaud, qu'il faut chercher, jusqu'en 932, les origines de la Maison d'Albon. Depuis 933 jusqu'en 942, ce serait l'entourage du roi de France qui l'y aurait fait naître et, à partir de 942, ce serait celui du roi de Jurane.

A cette époque (890-1032), les deux indices principaux de stabilité qui servent à suivre la lignée d'une race sont fournis par l'hérédité onomastique et par l'hérédité domaniale plus ou moins continues à dater de l'établissement de cette race jusqu'à sa fin.

En ce qui concerne l'hérédité du nom, quelques exemples

sont bons à donner. Ainsi, chez les barons de Mévouillon, devenus au XIIe siècle princes de l'empire, le nom héréditaire constant du prince régnant est Raymond. Il en sera ainsi, à chaque génération jusqu'à l'extinction de la race au XIVe siècle et, pour plus de sûreté, afin que le décès possible d'un fils aîné en bas âge ne vienne pas troubler cette coutume, il est établi que les deux premiers enfants mâles doivent recevoir, à chaque génération, le nom patronymique nécessaire.

Chez les barons d'Oze, en Gapençais, depuis la fin du XIIe siècle, l'aîné porte toujours le nom de *Willelmus Augerii*, Guillaume Augier, le second celui de *Petrus Raynerii*, Pierre Reynier, et le troisième celui de *Franco de Osa*, Francon d'Oze. A la fin du XIVe siècle, par innovation, l'aîné reçut le nom de Georges Augier. Il fut le dernier mâle de sa race : la sève se trouvait tarie au moment même où le respect de la coutume héréditaire se perdait.

Chez les sires de Beaujeu, branche cadette des vicomtes de Lyonnais, depuis le milieu du Xe siècle, cette hérédité comporte une alternance : Guichard et Humbert sont les noms portés par les représentants de la première génération avec celui de Bérard qui paraît être le nom primitif de la famille. A dater du XIe siècle jusqu'à la fin de la famille au XIIIe siècle, si Humbert et Guichard, sont les deux aînés d'une génération, la suivante est représentée par Guichard et Humbert : à ceux-ci succèdent Humbert et Guichard, puis Guichard et Humbert. Il est, d'ailleurs, aisé de voir que ce nom de Humbert est venu en Lyonnais aux sires de Beaujeu, vers le milieu du Xe siècle, de la famille bourguignonne des comtes de Mâconnais où la génération précédente se trouve représentée par Liétaud, *Leotaldus*, comte de Mâconnais et par son puîné Humbert sire de Salins, nés tous deux au début du Xe siècle. En effet, le premier sire de Beaujeu dénommé Humbert et né vers 940 a un frère cadet qui porte ce nom de Liétaud. Il est utile de pouvoir constater que cette influence onomastique s'est produite au moment où le Lyonnais, comme la Bourgogne française, dépendait du roi de France (933-942).

*
* *

Chez les comtes d'Albon, le nom fondamental qui se transmet sans lacune d'une génération à l'autre, depuis que leur race est connue jusqu'à la fin, est celui de *Wigo,* Guigues. A ce nom fondamental se trouve joint, bientôt, celui de *Humbertus,* Humbert : il semble, d'ailleurs, que Humbert, une fois admis, devienne le nom de l'aîné et que Guigues soit celui laissé au puîné, quand l'on envisage l'ordre des souscriptions. En fait, le nom de Guigues est porté par le prince temporel et celui de Humbert appartient à l'enfant voué à Dieu : ce n'est pas, là, une contradiction avec l'ordre des souscriptions qui se présentent par rang d'âge, car, on le sait. Dieu a droit aux prémices de toutes choses. Les époux lui offrent donc leur fils aîné plutôt que leur puîné.

Cela étant, parmi tous les textes où figurent des Guigues dans le comté de Viennois au Xe siècle, celui qui est le premier à attirer l'attention d'une manière marquante est fourni par la charte de Cluny émanée de *domnus Guiguo* et de sa femme *Gandalmoda.* Ce personnage est important car la qualité de dom ne se donne pas alors à n'importe qui, surtout à un laïc. Ces deux époux offrent à la grande abbaye bourguignonne une part de leur hérédité dans le comté de Viennois et sur la rive droite du Rhône, car il s'agit du pays d'Annonay, et précisément, *in villa que dicitur Vugon.* C'est certainement la localité actuelle de Vion sur le Rhône, voisine de Lemps et de Sécheras, en face d'Erôme et de Gervans. Cet acte doit dater de l'année 934 et du règne de Raoul, roi de France [*] : à cette date, la domination française venait de s'établir sur le Viennois et les dons de cette région devaient, en conséquence, être plus nombreux pour Cluny que précédemment, bien que cette abbaye eût dès lors une renommée internationale.

Ce nom de *Guigo* passe, on le sait, pour être d'ordinaire la forme hypocoristique de *Wigoldus,* exactement comme *Ado* l'est d'*Adulfus* [*].

Quant au nom de la localité de Vion, il paraît, à première vue, presque identique à celui du donateur *Guiguo* et on serait, par suite, porté à penser que le village dont il s'agit porte tout simplement le nom de son propriétaire. Cependant, il faut se défier de cette apparence. En pareil cas, ce n'est pas un problème aisé à résoudre que de rechercher si le nom de l'habitant lui a été donné par la localité qu'il habite, ou bien si, au contraire, le nom de la localité vient de son habitant. Quand on constate qu'une famille Villar provient du hameau qui s'appelle le Villar du Noyer, il est bien évident que cette famille tire son nom de son pays d'origine. Mais voici un autre cas : la famille Flotte est l'une des très rares maisons de rang chevaleresque qui ait possédé, à elle seule, le même fief depuis les débuts du régime féodal, c'est-à-dire depuis le Xe siècle au moins jusqu'à la révolution. Ce fief est le mandement de la Roche-des-Arnauds et la plupart des Flotte, surtout dans les premiers siècles, portaient ce prénom d'Arnaud. Tout le monde sera donc d'accord pour croire, avec toutes les apparences de la certitude, que la Roche-des-Arnauds a reçu son nom de ses maîtres. Il a fallu vingt ans d'observations diverses et de réflexion soutenue pour mettre fin à cette croyance dans mon esprit. Et en effet, en dehors de la Roche-des-Arnauds, existent dans les Hautes-Alpes la Baume-des-Arnauds, les Arnauds de Savournon, les Arnauds de Savine, les Arnauds de Crévoux. Crest, dans la Drôme, a été jadis *Crista Arnaldorum* et beaucoup d'autres localités, qu'il est inutile d'énumérer ici, ont porté ce même nom. On ne peut assurément dire que, toutes, elles aient appartenu à des familles dominantes homonymes de qui elles auraient reçu leur nom. En revanche, il est bien possible que, dans toutes ces localités, il y ait eu des familles rurales tirant leur nom du lieu de leur habitation et cela, d'ailleurs, n'est pas assuré. En tout cas, la règle générale et positive, pour toutes les localités ainsi nommées, est qu'elles se trouvent à la limite d'une ancienne circonscription remontant à l'antiquité et, même, à l'époque préromaine, car, en langue latine, Arnauds ne répond à rien de satisfaisant et en gaulois l'incipit *ar*— pourrait répondre à la préposition *are,* « près de ». En conclusion, les membres de la famille Flotte qui ont porté le prénom d'Arnaud ont tiré ce nom de leur terre, loin de le lui avoir donné.

Par analogie, on pourrait penser que dom Guigues, le donateur de Vion, tirait son nom de son domaine, avec beaucoup plus de probabilités que le contraire. Ni l'une ni l'autre de ces deux hypothèses opposées ne sont, d'ailleurs, forcées pour le cas où, en réalité, il n'y aurait pas d'identité, mais seulement une très grande ressemblance fortuite entre le nom du propriétaire et celui de sa propriété. Comme nom de localité, *Vugon,* Vion, ne se présente pas comme un phénomène unique et étrange. Ce suffixe — *on* se voit couramment ailleurs : le Vénéon répond à la Vanne, le Furon à la Fure, le Bezon et le Bouzon à la Bège, le Suzon à la Suse. Rien n'empêche Vion de rentrer dans cette catégorie de doublets formés d'un suffixe augmentatif ou diminutif. Près de Vienne coule la Véga à laquelle répond ainsi la Vésonne : Vion, de son côté, peut répondre, non pas à la Veaune, car la forme primitive du nom de la Veaune, *Vedena, Vedona,* n'y consent pas, mais peut-être, à un autre nom de localité analogue à celui de la Vézy, *Veissa,* affluent de l'Isère.

Il ne paraît pas que Guigues de Vion appartienne à la famille des comtes qui dominaient alors le Viennois placé sur la rive droite du Rhône. Le comte Thibert de Provence (890-908) possédait Mantaille en Viennois que le roi Boson lui avait donné: il en fit don lui-même à l'église de Vienne et elle lui laissa l'usufruit de cette terre en y joignant Albon. C'est là le futur domaine de la Maison d'Albon, mais, au milieu du Xe siècle, il ne lui appartient pas encore. Thibert paraît avoir eu pour fils le comte Sibeud (13 avril 925), sur la rive droite du Rhône, et Thibert, époux d'*Aimenrada* (28 septembre 942), lequel paraît être la souche des vicomtes de Marseille par son fils aîné Arlulfe (mai 954). En tout cas, les trois enfants de Thibert et

d'*Aimenrada,* c'est-à-dire Arlulfe, Sibeud mari d'Agnès
et Adalsenne, ont des propriétés voisines de dom Guigues
de Vion. Le comte Sibeud (13 avril 925) est probablement
le père du comte Geilin (956-961) mari de Goteline, puis
de *Raimodis:* ce comte Geilin, père d'Ainier et propriétaire
dans le pays de Clérieux, peut, finalement, être le père du
comte Paton (11 mars 968)[*], après lequel cette race comtale disparaît.

Puisque dom Guigues de Vion ne paraît pas appartenir
à cette race comtale dominante et en voie de disparition,
il faut croire qu'il est soit le vicomte de ces comtes, soit,
tout au moins, le viguier de l'un des pays qu'ils dominent
sur la rive droite : sans doute est-il donc le viguier du pays
d'Annonay. Peut-être le retrouve-t-on, lui ou plutôt son
fils, dans deux actes datés de janvier et de mai 956, relatifs
le premier à Muzols le second à Vion, émanés le premier
d'Isarn et le second d'Arlulf qui est devenu vicomte de
Marseille depuis peu.

Le nom de sa femme *Gandalmoda* est identique à celui
de *Wandalmodis* qui, en octobre 957, vingt ans plus tard,
est la femme, en Mâconnais, de Bérard. Ce Bérard, père
de Guichard, de Bérard, de Humbert et de Liétaud, est le
point de départ des sires de Beaujeu et sa femme lui sur-
vivra jusqu'à la fin du Xe siècle[7]. Il ne serait pas impossible que *Wandalmodis* ait été mariée successivement à Guigues de Vion et à Bérard de Beaujeu. Mais il y a mieux :
parmi les cinq femmes de Hugues, comte de Viennois
(890-926), marquis de Viennoise et duc de Provence (912-
928), roi de Lombardie (926-946) qui, né vers 875, meurt
à Arles le 10 avril 947, il en est une dont il eut Hubert
marquis de Toscane (936-962) et qui s'appelle précisément
Wandelmoda. Cette *Wandelmoda* pourrait être la veuve
de Rostaing III qui paraît d'abord avec elle en avril
889. En conséquence, il serait très tentant de croire
que, de Wandelmode, le puissant comte de Viennois
a eu au moins deux enfants nés vers 910 ou vers 920, c'est-
à-dire avant ou après son mariage avec la reine Wille,

veuve de Rodolphe Ier, qui se produisit en 913. Ces deux enfants du comte Hugues et de Wandalmode seraient le futur marquis de Toscane Hubert et Wandalmode, mariée en Viennois, d'abord avec dom Guigues de Vion, puis en Mâconnais avec Bérard de Beaujeu. La propagation du nom de Humbert dans la Maison de Beaujeu s'explique, on l'a vu, par l'influence du comte de Mâconnais Liétaud et du sire de Salins Humbert son frère : elle peut s'expliquer par la même raison, dans la famille de Guigues de Vion à la même époque. L'influence personnelle de Wandelmode, si elle était fille du marquis de Viennoise, rend le choix de ce nom encore plus naturel par ses deux maris successifs, puisque son père, petit-fils du duc de Jurane Humbert († 864), l'avait donné lui-même au futur marquis de Toscane.

Il fallait que dom Guigues de Vion fût l'un des appuis les plus appréciés du marquis Hugues en Viennoise pour avoir eu cet honneur de recevoir sa fille en mariage et cette alliance, au demeurant, est la meilleure manière d'expliquer un fait bien singulier. Dès la fin du Xe siècle, en effet, le propre petit-fils de Guigues et de *Gandalmoda* donne à Cluny quelques biens dans le Champsaur, c'est-à-dire dans le diocèse de Gap, absolument en dehors du Viennois et du Graisivaudan[1]. Le duché de Champsaur est le domaine le plus ancien des comtes d'Albon après leurs terres viennoises primitives. Comment expliquer cela ? On sait que le Champsaur a appartenu en partie, au début du VIIIe siècle, au patrice Abon, préfet de Suse et de Maurienne. Or, précisément, au début du Xe siècle, c'est le marquis de Viennoise Hugues qui possède cette succession d'Abon : il la possède et il la garde quand il cède le duché de Provence, puisqu'elle passe, après lui, à sa nièce Berthe, femme de Boson comte d'Arles, qui, le 26 février 960, la cède à Montmajour[2]. Dans cet acte de 960 se retrouvent *Molion*, Méollion, *Callulus*, Chaillol, *Cari campus*, le Champsaur (?), dont Abon, en 739, avait précisément déjà disposé en faveur de la Novalaise. Il est à croire que le marquis

Hugues n'a pas donné à sa nièce Berthe tout ce qu'il possédait dans le Champsaur et qu'il en donna également une partie à sa fille Wandelmode, laquelle l'aura transmise non pas à la Maison de Beaujeu, mais à la Maison d'Albon.

***

De qui le mari de Wandelmode, dom Guigues de Vion pouvait-il descendre ? On est porté à penser qu'il était le fils de Guigues Ier, fils lui-même de Rostaing II et de Bertilde, lequel, possédant un riche domaine dans le même pays d'Annonay, en donne une partie à l'abbaye de Saint-Barnard à Romans au mois de février 889 d'accord avec son frère Rostaing III [10]. Les vingt-et-une localités nommées y sont celles de *Vallecantia,* Vocance, *Venosco,* Vanosc, *Abronna, Miseriaco,* Mesirieux de Villevocance, *Escomelo,* Escomel, *Maxiano, Nabinerias, monte Droctone,* Brudon (?), *Provincerias,* Pervenchères, *Ingelatis, Alteizaco,* Toissieu (?), *Alancatis, Cambannatis,* Quintenas (?), *Villa Vimosa, vico Sancte Marie,* Annonay *Lencia,* Lemps de Roiffieux, *mansionem Lambodi.* L'ampleur de cette énumération montre que Guigues Ier fils de Rostaing II, dès le règne de Boson (élu à Mantaille le 15 octobre 879 et mort le 11 janvier 887), doit posséder sur le pays d'Annonay la même autorité que son fils dom Guigues II de Vion y aura quarante ou quarante-cinq ans plus tard. En 889, Bertilde, mère de Guigues Ier et de Rostaing III, survivait à son mari Rostaing II. Quinze ans plus tôt, le 20 avril [873], Rostaing II et sa femme Bertilde avaient déjà fait une vente à Saint-Maurice de Vienne [11]. Recevant de l'archevêque Adon cinq livres d'or, un calice et une patène du trésor de l'église, ils lui livrent en échange, de leur domaine héréditaire et de leurs acquêts, des terres en Viennois, dans le pays de Saint-Ferréol, c'est-à-dire sur la rive droite du Rhône, sur le terroir des localités dites *in Riveria, ad Pontum,* jusques *in Veserontia* qui répond au ruisseau de Vézérance placé entre les communes actuelles de Saint-Romain-en-Gal, de Sainte-Colombe et de Saint-Cyr-sur-le-Rhône en face de Vienne. Les vendeurs y cèdent une maison seigneuriale avec ses dépendances en vignobles et terres diverses *in Monte*....... le Mont de Saint-Cyr (?), *Petra concagata, a Cartanias, ad Strada,* sur la grande voie, *ad Marslocco.* Marloty (?) entre Givors et Loire, *a Maleto,* Melay (?) de Saint-Romain-en-Gal.

Depuis plus d'un siècle, les ateliers en France ne frappaient plus de monnaie d'or et les deniers d'argent qu'ils émettaient étaient, d'ailleurs, toujours de bon aloi. Cependant, les vendeurs ne veulent pas de cette bonne monnaie courante. Il fallait que leurs terres fussent d'un bien grand prix pour l'église de Vienne, car celle-ci, pour en obtenir la cession, se voit obligée de donner la valeur énorme de cinq livres d'or pur. Sa réserve de ce métal précieux paraît même ne pas suffire : elle y ajoute, en effet, un calice et sa patène. Voilà des vendeurs bien difficiles : l'argent lui-même ne leur convient pas : qu'eussent-ils dit des procédés du crédit moderne, où le papier joue un si grand rôle ?

Les vendeurs nomment leurs proches et leurs enfants, Achard, *Eldemannus,* Silvy, Guigues et Rostaing qui doivent confirmer cette vente faite pendant que Rostaing est malade et ces deux derniers sont évidemment les deux futurs donateurs du mois de février 889.

Rostaing III, fils de Rostaing II et de Bertilde, frère de Guigues Ier et mari de Gandelmode, survit à celui-ci le 4 avril 895 : à cette date il fait un don à Saint-Maurice sur le terroir de Sablons. Rostaing II, époux de Bertilde, père de Guigues Ier et de Rostain III, devait lui-même, être le fils de Rostaing Ier, époux de Sufficie, connu par deux actes du 15 juin 843 et du 3 avril 844 dans le Viennois méridional.

L'origine du nom de Guigues paraît donc remonter à la fin du IXe siècle : dom Guigues II de Vion étant né vers l'an 885 ou 895 son père Guigues Ier fils de Rostaing II serait né vers 860 et son grand-père Rostaing II, époux de

Bertilde, vers 830. Rostaing Ier, époux de Sufficie serait né à la fin du VIIIe ou au début du IXe siècle.

***

Le cartulaire de Savigny rappelle deux frères, Guigues et Humbert, dont le second, le 30 mars (942-953) sous le règne de Conrad, se donne à ce monastère avec des biens sis à *Solniaco,* Saugnieu (?), *Costarciaco,* et *Oriaco,* Heyrieux (?), qui lui viennent de son père [12]. De même, une charte de Cluny [13] (942-954) rappelle deux frères, également nommés Guigues et Humbert, dont le premier, après la mort violente du second, offre des biens à *Verziaco,* Fourcy (?), sur le terroir d'Etables. Dans les deux premiers ou les deux seconds de ces frères peuvent se reconnaître les fils de dom Guigues II de Vion et de Wandelmode. En dehors de l'homonymie conjuguée et répétée de ces deux noms, rien, d'ailleurs, ne vient confirmer cette manière de voir.

Mais voici les certitudes qui se présentent enfin.

Le 7 septembre 996, *Wigo,* Guigues IV et sa femme *Fredeburga* concèdent aux chanoines de Saint-Maurice de Vienne que préside l'archevêque Thibaud des biens qu'ils ont acquis d'*Aspasius* et qui se trouvent dans le comté de Viennois, au pays de Cheyssieu, dans le village de Vernioz [14]. Cheyssieu se trouve sur la Varaize au sud de Vienne : le Rhône est franchi par les sires de Vion.

Ce donateur approche déjà du terme de sa vie : les témoins de son acte, l'évêque Umbert, Richard, *Vago,* Boson et *Adraldus,* tout au moins les trois premiers d'entre eux, sont ses fils.

Près de là, à *Vitrosco,* Vitrieu, quelques années plus tard, Barnoin et sa femme Thiberge feront un don à Saint-André de Vienne *pro remedio senioris nostri domni Vigoni domneque Fredeburge* [15].

C'est ce dom Guigues, dénommé finalement *Wigo major,* qui donne à Rome [16] *quamdam terrulam in regione que vocatur Camsaurus,* comme le rappellera plus tard, du temps de son petit-fils, un transfert de ce don à Cluny fait par le pape Jean XIX en 1027. On sait que Saint-Barnard de Romans appartenait à Saint-Pierre de Rome; ce don fait à Rome de terres dans le Champsaur par dom Guigues dont la famille avait déjà des liens anciens de voisinage avec Romans s'explique donc fort bien.

Dès le 18 octobre 996, dom Guigues IV était mort[17] : s'il était né vers 950 ou 960, il avait atteint quarante ou cinquante ans. Sa veuve, Frédéburge, lui survit quelques années : elle paraît encore le 6 juin 1009 et le 19 juin 1012. Le 27 février 1016, elle n'était pas morte à son tour, mais elle était remariée avec Arnoux de Theys, dont elle a encore au moins un fils. Vers 1027, elle paraît, pour la dernière fois, dans les chartes de Domène[18].

On connaît une Frédéburge, sœur d'Armand et de Thierry, fille d'*Amichelda* et cette *Amichelda*, le 4 janvier 981, donne à Saint-André des biens dans le pays d'Estrablin, au terroir du village de Moydieu, sur la Vésonne[19] : mais cette Frédéburge n'était pas encore mariée à cette date. Elle doit donc appartenir à une génération plus récente que la femme de Guigues IV. Cette Frédéburge paraît avoir été la femme de *Vido* qui donne à Saint-André des biens dans le pays de Tain, près de la Bauterne : elle en a comme fils *Sumfredus* qui, à son tour, fait un don à Primarette, don confirmé ensuite par ses enfants Rolland et Ungrin.

On doit se demander d'où venait la femme de dom Guigues IV, Frédéburge.

Quand le marquis de Viennoise Hugues était, en 926, devenu roi de Lombardie, il avait donné le comté de Viennois au fils probablement bâtard de Louis l'Aveugle nommé Charles-Constantin. Charles-Constantin avait épousé Thiberge, nièce du nouveau roi et sœur du comte Hugues doté à ce moment même des comtés de Bugey, de Savoie et de Graisivaudan. Charles-Constantin est encore vivant le 19 mai vers 960 et en janvier 962, mais il ne doit pas survivre longtemps après cette dernière date[20]. Il paraît avoir eu deux fils, Richard et Ubert qui figurent dans l'acte du 19 mai. Le dernier comte de Viennois Rodolphe, sur la rive gauche du Rhône, qui se présente le 6 juin 1009 doit être un fils, soit de Richard, soit de Hubert et il est assurément mort avant le 24 avril 1011, date à laquelle les comtés de Viennois et de Sermorens sont attribués par le roi à la reine.

Le nombre et la qualité des personnages qui interviennent, le 6 juin 1009, pour amener le roi de Bourgogne à favoriser Frédéburge veuve et ses enfants, est un fait à considérer qui est de grande importance. Le roi y déclare agir sur la demande de la reine sa femme, de l'archevêque de Lyon Brochard son frère consanguin, des comtes Rodolphe et Hubert. Le comte Hubert ou Humbert II de Savoie et de Graisivaudan dont il s'agit ici est, par sa femme Auxilie, le beau-frère de l'archevêque de Vienne Brochard et il est l'avoué de l'église de Vienne. Par sa grand'mère paternelle Thiberge, il est le petit-neveu du roi de Lombardie Hugues : par sa tante paternelle Thiberge, il est le neveu du comte de Viennois Charles-Constantin et l'oncle, à la mode de Bretagne, du dernier comte de Viennois Rodolphe présent à cet acte. Il est le propre neveu de l'archevêque de Vienne Thibaud (8 mars 957 † 21 mai 1001) qui a précédé Brochard. En somme, ce fameux comte Humbert « aux blanches mains » est le dominateur actuel de la région viennoise en 1009, toutes proportions gardées, comme l'avait été Hugues, son grand-oncle, cent ans plus tôt. Cette précision est fort nécessaire pour fixer les circonstances qui ont amené l'élévation des sires de Vion en Graisivaudan, puis en Viennois.

Cela étant, c'est très certainement l'archevêque de Vienne Thibaud, oncle de Humbert II qui a fait élire évêque de Grenoble Humbert de Vion fils de dom Guigues IV et de Frédéburge à la mort d'Isarn et à la fin du règne de Conrad. Il pouvait obtenir ce choix non seulement en sa qualité de métropolitain du siège, au point de vue spirituel, mais par le fait que son frère Hubert I⁰ʳ, au point de vue temporel, était comte de Savoie et de Graisivaudan. Pourquoi, cependant, l'archevêque de Vienne aurait-il voulu obtenir ce choix d'un étranger au Graisivaudan, si cet étranger n'avait été de son entourage ? Une observation fort simple sera peut-être de nature à résoudre ce problème : car, si le problème paraît obscur, les mobiles humains sont toujours les mêmes et ils sont généralement d'une grande clarté. L'acte du 7 septembre 996, de Guigues IV et de Frédéburge, portait les souscriptions de leurs fils Umbert, Richard et Guigues : ce nom de Richard est exceptionnel dans la Maison des sires de Vion. Il y rappelle celui du comte de Viennois Richard, fils de Charles-Constantin et père du comte Rodolphe de 1009. On ne connaît pas le nom de la femme de ce comte Richard : mais, par sa mère Thiberge, il était le cousin germain de l'archevêque de Vienne Thibaud. Cet archevêque était né à Tolvon peu après 927 : son cousin Richard était de la même génération que lui et, si Guigues IV de Vion était né lui-même, comme on l'a dit vers 950, sa femme Frédéburge était exactement de la génération suivante. Tout se présente donc comme si Frédéburge a été la petite-fille de Charles-Constantin et de Thiberge, c'est-à-dire la nièce au 5ᵉ degré de l'archevêque Thibaud : fille du comte de Viennois Richard, il est naturel qu'elle ait donné ce nom de Richard à l'un de ses fils à elle. Il est tout naturel aussi que l'archevêque Thibaud ait fait élire évêque de Grenoble son petit neveu par alliance Humbert de Vion. La seule difficulté est que ce nom de Frédéburge n'a pu être constaté à une génération antérieure dans la famille de Louis l'Aveugle et dans celle des comtes de Savoie.

Ce précepte de 1009 remet forcément en mémoire le texte capital du chroniqueur allemand Thietmar [a] où se trouve marquée, en termes si nets, l'impression laissée à l'empereur Henri II par son entrevue à Strasbourg en 1016, avec son oncle ce dernier roi de Bourgogne Rodolphe III.

Le pouvoir réel échappe à ce souverain, *nomen tantùm*

et coronam habet et il donne les évêchés à ceux-là que les princes élisent, *episcopatus hiis dat qui a principibus eliguntur.* Il a fort peu de biens à lui, *ad suam verò utilitatem pauca tenens,* ce sont les offrandes des évêques qui le font vivre, *ex inpensis antistitum vivit.* Il ne peut saisir leurs biens ni ceux des autres officiers de sa couronne qui agissent mal, *et hos vel alios in aliquo extrinsecus laborantes eripere nequit* de sorte que ces évêques obéissent à tous les grands du royaume aussi bien qu'au roi, *unde hii cunctis primatibus velud regi suo serviunt.* La seule raison qui leur fait garder un tel maître est de laisser en toute liberté les excès des méchants divaguer partout et de ne pas permettre que l'autorité nouvelle d'un autre roi y survienne qui mette fin à ces belles mœurs, *ob hoc solum talis rector inter eos dominatur ut eo liberius malignorum furor invicem vagetur et ne lex nova alterius regis ibi adveniat quæ inclitam consuetudinem rumpat.*

Telle était la vie de ce malheureux roi de Bourgogne, victime de la douceur et de la simplicité de son caractère, *propter mansuetudinem et innocentiam vitæ.* Il lui manquait la fermeté virile qui est si nécessaire aux souverains, *mollis et effeminatus.* Aussi quelques-uns des grands le méprisaient et, allant plus loin, cherchèrent à lui prendre ses états. Mû enfin par la nécessité de se défendre il vint alors voir l'empereur et, pour obtenir son aide, lui inféoda son royaume *imperator omnem namque Burgundiæ regionis primatum per manus ab avunculo suimet accepit.* Voilà où mènent l'anarchie d'un peuple et la faiblesse de son chef : elles suscitent l'intrusion de l'étranger.

Le 3 novembre 1036, peu après la mort du roi Rodolphe, l'archevêque de Vienne Léger ne dira-t-il pas devant sa veuve que tous les hommes issus d'Adam sont finalement égaux tels que la nature les a faits . *omnes homines ex eo genitos natura postmodum æquales fecit.* Cependant, ajoute-t-il avec prudence, si Dieu les a chassés du Paradis terrestre, il n'a pas renoncé à les gouverner. Il leur a imposé tout d'abord des patriarches et des

26

prophètes, puis des rois et enfin, maintenant, des prêtres : *hominem, suum carum animal, regere non destitit imponens unum aliis, patriarchas primitus et prophetas ac deinde reges, ad extremum vero tempus sacerdotes.*

Le dernier roi était mort, Dieu n'en voulait plus d'autre, c'était maintenant à l'archevêque de régner dans le Viennois. Léger, qui aimait à prédire l'avenir ne se doutait pas que, s'il vivait au temps du règne des princes de l'Eglise, surviendrait bientôt celui des comtes, puis un siècle plus tard, celui de la chevalerie féodale et, un siècle encore plus tard, celui de la boucherie, de l'épicerie, de toute la bourgeoisie urbaine ,en attendant que la royauté capétienne arrive à produire Louis XI et Louis XIV.

*
* *

Guigues IV de Vion et sa femme Frédéburge ont laissé au moins trois fils et une fille. Le seul qui ait eu de l'importance est l'évêque de Grenoble Humbert : on peut dire que le sceptre de la Maison d'Albon a été taillé dans la crosse de ce pontife et cette crosse, d'ailleurs, on le verra, tant qu'elle l'a pu, quatre fois de suite, la Maison d'Albon l'a gardée à la portée de son poing. La nécessité seule la lui fera perdre, fort diminuée à son profit de poids et de splendeur. La Maison de Savoie lui avait donné l'exemple de cette politique et lui avait montré tout le gain terrestre qu'on pouvait tirer de la domination spirituelle.

Isarn, le prédécesseur de Humbert, passe pour avoir été encore évêque de Grenoble lors de l'expulsion des Sarrasins. Elle eut lieu après la capture de l'abbé de Cluny saint Mayeul opérée en Valais le samedi 21 juillet 983, c'est-à-dire au mois de septembre 983 grâce aux efforts combinés du comte de Provence Roubaud et du marquis de Turin Ardouin. Comme le lieu mémorable de cet événement doit se trouver forcément près des frontières communes de la marche de Provence et de la marche de Turin, il se situe entre le terroir d'Orelle et celui de Freney. Il y a là une crête des Sarrasins et un pas des Sarrasins qui répondent tout-à-fait aux données des textes.

Comme, d'autre part, Humbert est devenu évêque de Grenoble sous le règne du roi Conrad, il a donc été élu de 984 à 993. Il paraît au synode de Saint-Romain d'Anse [19 octobre 994-24 mars 995] ; puis, avec son père, sa mère et ses frères, le 7 septembre 996.

Dès la mort de son père, il donne, avec sa mère et son frère Guigues V, à Cluny, la moitié du château de Vizille, sa maison, le bourg qui y est joint et l'église Notre-Dame. Cet acte est un exemple des titres de cette époque dont l'original se trouvait plus tard approuvé par les souscriptions d'une nouvelle génération, ce qui peut induire en erreur les historiens amenés, sur le vu de ces actes, quand ils n'y prennent pas garde, à faire remonter trop haut l'existence de certains témoins. C'est le type de la méprise qui a égaré jadis M. Blancard, archiviste des Bouches-du-Rhône, en ce qui concerne les origines de la Maison de Provence. Il ne faut donc pas faire état, en 996, de la souscription de l'évêque de Valence nommé Humbert qui accompagne cet acte de 996, car, à ce moment, l'évêque de · Valence était Guigues Ier (13 avril 99[3]-1er octobre 994) ou son successeur Lambert (23 novembre 997-1er octobre 1011). En novembre 1001, c'est lui, sans doute, avec son frère Guigues V, qui figure comme témoin dans un acte intéressant la famille du futur prince de Royans Ismidon.

L'important précepte royal du 6 juin 1009 dont il a été question déjà indique comme bénéficiaires l'évêque de Grenoble Humbert et sa mère Frédéburge : son frère Guigues V était déjà mort. Ce sont les neveux de l'évêque, les fils de ce Guigues V, qui se trouvent nommés avec lui, Umbert, Guigues et Guillaume. Par ce précepte, la famille des sires de Vion reçoit de la munificence royale toute la terre que le roi Rodolphe et avant lui son père le roi Conrad ont eue depuis la vallée *Vidreri,* de Viriville (?), c'est-à-dire depuis la vallée de la Galaure jusqu'au village de Cuzin, notamment la moitié du château de Moras, la moitié du bois de Mornay, ainsi que les serfs et serves du fisc royal placés sur des alleux dans les limites de ce pays. C'est tout le Viennois depuis la haute Galaure jusqu'à la Varaize, s'il faut identifier ce village de Cuzin avec le Cuzin d'Assieu, voisin de Cheyssieu et de Vernioz où se trouvaient, en Viennois, les possessions primitives de Guigues IV. D'autre part, Moras est voisin de Mantaille et du pays d'Albon, entre la basse Galaure et le bas Dolon. Probablement, Mantaille et Albon qui, depuis le comte Thibert (890-908), relevaient du haut domaine, non pas royal mais canonial de Vienne, avaient dû rester dans les mains des comtes de Viennois successifs. Présentement, ils devaient donc appartenir au comte Rodolphe : ils n'appartiendront aux sires de Vion que quand ceux-ci deviendront comtes en Viennois.

Le [19 juin] 1012, toujours accompagné de sa mère, de ses neveux Humbert et Guigues VI, fils de son frère Guigues V, de l'aveu également de son autre neveu Mallein, qui, par suite, doit être le fils de sa sœur dont on ne connaît pas le nom, il réforme l'église Saint-Laurent sur l'Isère à Grenoble qui marchait fort mal, en la soumettant aux moines de Saint-Chaffre du Monastier en Velay, au diocèse du Puy : il lui faut, pour cela, le consentement du roi, de la reine et de l'archevêque de Vienne. Aucun comte ne paraît.

L'église de Grenoble possédait, aux portes de Genève, entre la Drance et le lac au nord, la Menoge à l'est, l'Arve au sud, le lac à l'ouest, un domaine important, dans quatorze localités, notamment à Pressy, *Persiago*, Choulex (?), *Codoloda*, Lossy (?), *Luxuviaco*, Lucinges, *Luciniango* et Machilly, *Maciliago*. Le 20 juin, d'une année indéterminée, le comte Manassès, sa femme Ermengarde et leur fille Aniane viennent demander à Humbert, le doux pontife, *mitis pontifex* de la sainte église de Grenoble la concession de ce domaine en usufruit. Il y consent et, en échange, son église reçoit dans le comté de Savoie six localités, notamment : *Villa sancti Andreæ,* Saint-André des Marches, *Gentiano* (?), Francin (?), *Altavilla,* Hauteville de Saint-Thibaud-de-Cóuz.

Le 27 février [1016], Frédéburge est remariée : toujours soutenu de la faveur que lui montrent le roi, la reine et l'archevêque de Vienne, Humbert, « gouvernant le siège sacré de la Sainte Vierge Marie et de l'illustre martyr Vincent », d'accord avec son clergé et avec ses compagnons qui jouissent des terres dudit siège, donne aux moines de Cruas en Vivarais l'église Saint-Pierre de Moirans : *hoc autem,* dit-il, *agimus vultu sereno.* Son neveu Mallein, devenu clerc, souscrit cet acte que son neveu Guigues VI, frère de l'évêque Humbert de Valence approuvera plus tard, de 1027 à 1030, quand Guigues VI sera devenu comte, mais avant que Mallein, qualifié de prêtre, ne soit devenu évêque de Grenoble.

Finalement, en 1025, l'évêque de Grenoble Umbert paraît au second synode d'Anse et il meurt avant le 26 mars 1027, très probablement[28].

Pour que la crosse ne sorte pas de la famille, aucun des fils de son frère n'étant en état d'en hériter, c'est Mallein, le fils de sa sœur, qui devient évêque de Grenoble : il paraît en cette qualité le 22 octobre 1030 dans une charte de Cluny, dans une autre charte [1025-19 août 1031] de Saint-Pierre et finalement le jeudi [20] août [1034] dans une charte de Saint-Chaffre. L'évêque Mallein meurt avant le 2 octobre 1037[24].

Guigues V, le frère de l'évêque de Grenoble Humbert, passe, auprès de lui, presque inaperçu. Né vers 960, il souscrit, le 7 septembre 996, l'acte de son père, puis [7 septembre-18 octobre] 99[6], le don de son frère, puis, en novembre 1001, la charte d'Artaud de Royans. Comme il meurt avant le 6 juin 1009, rien de ce qu'il a pu faire lui-même ne s'est conservé : tout ce qu'on sait de lui, c'est qu'il laisse une « bonne mémoire ». C'est bien déjà quelque chose pour un homme du Xe siècle et aussi, d'ailleurs pour un homme du XXe siècle.

Ce Guigues V avait eu, cependant et heureusement
pour nous, le temps de se marier, sans quoi le Dauphiné
n'eût peut-être jamais existé : il épousa Gotelenne[26], fille
de Silvion sire de Clérieu et de Wille, sœur de Guillaume
de Clérieu qui, lui-même, épousa *Fides* et, ainsi, tante de
Léger. Ce Léger, d'abord chanoine du Puy, puis prévôt de
Saint-Barnard de Romans (23 novembre 1025) est devenu
archevêque de Vienne entre le 19 août et le 2 octobre
1031 : il mourut le 12 juin 1070 et il eut pour successeur
son frère Armand. On voit que cette alliance devait élever encore le rang en Viennois des sires de Vion : Silvion
donne à sa fille en la mariant un manse à Génissieux près
de Romans que, plus tard, Guigues VI cèdera à Saint-
Barnard.

Ce nom de Gotelenne rappelle celui de la première
femme du comte Geilin de la rive droite du Rhône : elle
paraît le 30 juin et elle meurt avant le mois de mars 961,
date à laquelle Geilin se trouve remarié avec *Raimodis*.
Cette comtesse Gotelenne a dû être la sœur de Silvion de
Clérieu et la tante de Gotelenne femme de Guigues V :
c'est par elle sans doute que Geilin se trouve en rapports
avec le pays de Clérieux.

*
**

De Gotelenne, Guigues V a trois fils, Humbert, Guigues et Guillaume. Ce dernier ne paraît que le 6 juin 1009 :
son nom lui vient évidemment de son oncle maternel, Guillaume de Clérieu et de son grand-oncle également maternel, le comte Geilin. Son cas est le même que celui de Richard à la génération précédente. Les femmes ne pouvaient
rien changer encore aux noms de Guigues et de Humbert
— ou plutôt, semble-t-il, de Humbert et de Guigues — établis par la coutume familiale pour les aînés : leur influence incoercible se rabat, en attendant mieux, sur les cadets
qu'elles nomment à leur guise en souvenir de leur propre
famille, étrangère à celle où leur mariage les a fait entrer.

Humbert, l'aîné de la génération, figure, tout d'abord, sans qualité dans les actes du 6 juin 1009 et du 19 juin 1012. Selon l'habitude suivie pour son oncle Humbert Ier, évêque de Grenoble (993-1025) et pour son grand-oncle probable Humbert, moine de Savigny, la famille offre à Dieu l'aîné de chaque génération. Ce n'est plus le sacrifice sanglant des premiers âges de l'humanité, mais c'est toujours le sacrifice rituel des prémices qui s'offrent au Très-Haut et cet usage, si heureusement mitigé, dure depuis longtemps puisqu'il remonte à Abraham. Les générations de Guigues VII et de Guigues IX seront encore soumises jusqu'au XIIe siècle, à cette coutume antique.

Humbert, fils de Guigues V, renonce donc au monde selon les convenances de son temps; peu après l'an 1025, il est élu évêque de Valence et il figure, en cette qualité, dans la grande assemblée du 26 mars 1027, à Rome, tenue pendant les fêtes de Pâques, en présence du pape et de l'empereur, où se trouvent, avec le roi d'Angleterre, de Danemark et de Norvège Cnut, le roi de Bourgogne Rodolphe accompagné des princes bourguignons[26]. Le roi d'Angleterre ne manqua pas cette belle occasion de procurer à ses sujets, désormais, les plus grands avantages, au point de vue économique, pour se rendre en Italie et, comme, en somme, chacun pensait plus ou moins à ses propres affaires, les moines de Cluny en profitèrent aussi pour obtenir du pape, en présence de Guigues VI et de l'évêque de Valence, son frère, le transfert du don fait, jadis, en Champsaur, par Guigues IV, don de peu de chose, paraît-il, *quandam terrulam,* don qu'il était bon, tout de même de ne pas laisser se perdre.

L'évêque de Valence, Humbert de Vion, paraît encore et, maintenant, avec son cousin l'évêque de Grenoble Mallein, le 22 octobre 1030, puis finalement à propos des affaires de l'abbaye de Saint-Pierre [1025 19 août 1031]. Il meurt avant le 2 octobre 1037.

Ainsi grandis par l'Eglise depuis deux générations en un temps où l'Eglise était souveraine, les sires de Vion finissent par atteindre eux-mêmes le rang élevé qui leur manquait encore sur l'échelle administrative et politique pour dominer les hommes.

Celui qui devait voir se réaliser ainsi les vues de la fortune sur sa race est dom Guigues VI. Né vers l'an mil, il figure d'abord derrière les jupes de sa grand'mère Frédéburge le 6 juin 1009 et le 19 juin 1012 en bas âge. Il semble bien s'être rendu à Rome pour ces fêtes retentissantes de Pâques du 26 mars 1027 avec son frère l'évêque de Valence parmi les princes qui suivaient le roi de Bourgogne : il est encore alors un homme de peu d'importance, *Wigo junior*, dit de lui le pape.

Mais voici que les choses changent.

A la mort du dernier comte de Viennois Rodolphe (1009-1011), le roi de Bourgogne avait concédé, le 24 avril 1011, les comtés de Viennois et de Sermorens en dot à sa nouvelle femme Irmengarde. Celle-ci, gardant le comté grenoblois de Sermorens et y prenant comme avoué le comte de Savoie, fait offrir le comté de Viennois, le 14 septembre 1029 (?), à l'église de Vienne gouvernée par l'archevêque Brochard (1001 † 19 août 1031). Celui-ci fils du comte de Nyon Anselme II et d'*Alduid*, l'ancienne concubine du roi Conrad qu'il avait épousée vers 970, avait deux frères et une sœur. L'un de ses frères, Anselme, évêque d'Aoste, prévôt de Saint-Maurice de Vienne et archichancelier du royaume, mourra avant lui le 16 janvier [1026 (?)]. L'autre, le comte Ulric était tout naturellement l'avoué de l'archevêché de Vienne et il figure en cette qualité le 19 août 1019, mais il meurt, probablement sans enfants. Alors, se sentant lui-même proche de la mort, l'archevêque, entre le 14 septembre 1029 et le 22 octobre 1030, veut assurer le sort du comté de Viennois. Il le partage entre Humbert II « aux blanches mains » et Guigues VI de Vion. Humbert était l'avoué du chapitre de Vienne et l'avoué de la reine dans le comté de Sermorens au diocèse de Grenoble : il était comte de Savoie, également au diocèse de Grenoble, de Bugey et d'Aoste. Il était, surtout, le beau-frère

Photogr. A. GUÉROARD
M.lhouse

[octobre 933 octobre 934]

Don de Guigues II à Cluny
sur le terroir de Vion

(Bibl. Nat. : Ms. nouv. acq. lat. 2154, n° 3)

de l'archevêque : son choix est, par conséquent, tout naturel pour le Viennois septentrional voisin de ses autres terres.

Quant à Guigues VI de Vion, frère de l'évêque de Valence, il était sans doute l'avoué de l'église et de l'évêché de Grenoble comme avait dû l'être avant lui son père Guigues V depuis le pontificat de Humbert (993-1025) frère de celui-ci. De plus, son alliance avec les Clérieux en faisait un homme important dans le Viennois méridional, mais cela ne suffit pas à justifier son choix.

Avant le 18 octobre 1013, il avait épousé une femme qui, le 20 août 1034, paraîtra sous le nom d'*Adelsendis,* et le 27 avril 1050, sous celui d'*Adelais.* Ces deux noms ne sont pas identiques : mais ces deux actes ne subsistent pas sous leur forme originale et il se peut que l'un d'eux, par la copie qu'on en connaît, ait déformé le nom exact de cette princesse. Si son nom est réellement celui d'Adelaïde ou d'Alix, il se pourrait que la femme de Guigues VI appartienne à la Maison de Beaujeu et qu'elle soit fille de Guichard de Beaujeu, mari d'Adelaïde [27]. Dès avant le 22 octobre 1030, Alix, très probablement fille de Guigues VI et de cette Alix, se trouve mariée avec Amédée comte de Savoie, fils de Humbert « aux blanches mains » [28]. Soit que ce mariage ait précédé, soit qu'il ait suivi de peu l'inféodation du comté de Viennois faite par l'archevêque Brochard conjointement à Humbert II de Savoie et à Guigues VI de Vion, il est certain que ces deux princes sont alors étroitement alliés. La position de Guigues complète celle de Humbert.

Cette division du Viennois entre deux maisons distinctes est la base essentielle de l'évolution d'où sont sortis les deux pays modernes de la Savoie et du Dauphiné : la scission en deux parts du diocèse de Grenoble devient, ce jour-là, définitive. Pour le Viennois, l'enceinte urbaine de Vienne et sa banlieue demeurant cité royale puis impériale en dehors de cette inféodation la limite septentrionale du domaine des Guigues comprend désormais, en Viennois, du Rhône à l'Isère, le terroir des communes de

34

Reventin, des Côtes-d'Arey, Vernioz, Monsteroux-Milieu, Montseveroux, Primarette, Pisieu, Pommier, Saint-Barthélemy-de-Beaurepaire, Beaufort, Thodure, Saint-Clair-sur-Galaure, Montfalcon, Roybon, Chasselay, Nerpol-et-Serres, Quincieux, la Forteresse, Morette, Tullins, Beaucroissant, Rives, Charnècles, Moirans, Saint-Jean-de-Moirans, la Buisse, Pommiers et Voreppe.

Par cette inféodation seulement, les sires de Vion sont devenus comtes d'Albon en Viennois et suzerains de leurs alliés les sires de Clérieu. Le comté viennois de Tullins se trouve dans la zone qui leur est ainsi soumise.

De même que les deux maisons de Savoie et d'Albon se partagent ainsi le diocèse de Vienne, de même elles se partagent le diocèse de Grenoble. Dans ce diocèse, au nord de l'Isère, la limite de la Maison d'Albon se trouve constituée par le terroir des communes de Fontanil, Mont-Saint-Martin, Proveysieux, Saint-Pierre-de-Chartreuse, Saint-Bernard, Sainte-Marie-du-Mont, Chapareillan. Sur la rive gauche de l'Isère, Pontcharra-sur-Bréda, Saint-Maximin, la Chapelle-Blanche, le Moutaret, la Chapelle-du-Bard et Allevard forment cette limite.

Désormais, les comtes d'Albon dominent donc, sur la rive gauche du Rhône, les vallées de la Varaize, du Dolon, du Bancel et de la Galaure. Ils dominent, sur la rive droite de l'Isère, la vallée de l'Herbasse, puis la vallée de l'Isère elle-même depuis le confluent de la Bourne jusqu'au Bréda.

Dès lors, le titre de comte est attribué à Guigues V dans les actes où il paraît.

De suite avec sa nouvelle qualité de comte, Guigues VI approuve, vers 1029, deux dons faits en faveur du grand abbé de Cluny Odilon qui établissait un prieuré en l'honneur des saints apôtres Pierre et Paul et aussi de saint Georges martyr à Domène. Le premier émane de sa grand'mère, l'illustrissime Frédeburge, du second mari de celle-ci, Arnoux de Theys et de leur fils Roux qui offraient un mas nommé les Alberges de Vaulnaveys. Le second émane des deux frères Ismidon et Bournon qui offraient une vigne de leur clos à Miséré.

Le jeudi [20] août [1034], le comte Guigues, sa femme Adelsinde, ses enfants Humbert et Guigues paraissent ensuite, avec l'évêque de Grenoble Mallein leur cousin germain, pour approuver le don fait à Saint-Chaffre des trois églises de Vif. Peu de temps après, l'illustrissime Guigues figure, le lundi [18] novembre [1034] dans le cartulaire de Grenoble. Le comte Guigues y donne à Cluny une église de Vizille et il précise le nom de sa mère Gotelenne.

A Grenoble, le [27] avril 1050, un acte, relatif à l'abbaye de Saint-Pierre et où la comtesse Adélaïde sa femme se trouve nommée, précise que Guigues est « prince de la région de Graisivaudan » et le scribe ajoute qu'il est ce Guigues *major* devenu ensuite moine.

Le 3 mai 1050, on le range au nombre des vassaux de saint Pierre, c'est-à-dire de l'Eglise romaine à Romans. En sa qualité de comte, il y est le 27 janvier 1052/3. Le mercredi 13 octobre [1053], il donne un mas, dans le mandement de Génissieux, provenant de sa mère et de son aïeul maternel Silvion de Clérieu : il le donne à Saint-Barnard.

Tout cela se passe dans le Graisivaudan ou dans le comté d'Albon : mais il y a mieux.

Entre le 4 juin 1039 et le 14 juin 1043, au début du règne de Henri III le Noir, le diocèse de Maurienne, qui dépendait de la métropole de Tarentaise, perd le Briançonnais annexé, dès lors, au siège d'Embrun dans les Alpes Maritimes, c'est-à-dire à la Provence. La Maurienne proprement dite venait d'être annexée au diocèse de Turin par un précepte daté de Cologne le 15 mars 1038/9. L'empereur Conrad punissait ainsi l'opposition que lui avait faite l'évêque de Maurienne Thibaud (1033-1046). Après la mort de Guy, évêque de Turin, survenue le 20 janvier 1046, Thibaud recouvre son évêché de Maurienne, mais le Briançonnais et la vallée de Suse étaient perdus pour lui. Embrun garde le Briançonnais et Turin la vallée de Suse. Dès lors, le diocèse de Maurienne dépend de la métropole de Vienne et le comte viennois de Savoie y avait installé dès 1039 sa domination comme prince de l'Empire. En Briançonnais, c'est le comte également viennois d'Albon qui y installe la sienne et également comme vassal immédiat de la couronne impériale. L'alliance des deux Maisons de Savoie et d'Albon continue à être étroite et, ici encore sur les Alpes comme dix ans plus tôt sur l'Isère, la position de Guigues complète celle de Humbert : « le développement parallèle et voisin de leur domaine est une extension viennoise jusqu'aux Alpes. Le comte de Savoie se trouve désormais en sentinelle sur le mont Cenis ; le comte d'Albon, sur le mont Genèvre » dominant tous deux, comme deux frères, la vallée de Suse qui relevait de Turin. On ne pensait pas que l'un d'eux, prenant les devants, pût gagner Turin et, y trouvant une nouvelle base plus vaste, dût devenir le rival sur les deux versants des Alpes de son allié primitif.

« Le 14 juin 1043, on voit, pour la première fois, le comte de Savoie faire acte de juridiction suzeraine en Maurienne. Le premier acte indiquant que le comte d'Albon en fait autant sur le Briançonnais est de 1053 » [20]. Dans cet acte de 1053, Guigues VI porte le nom de Vieux : *ego, Guigo comes, qui nomine vocor Senex.* La dernière fois que le cartulaire d'Oulx le nomme, il désigne le « comte Guigues le Vieux qui fut moine de Cluny ». *Guigonis comitis Vetuli qui fuit monachus Cluniacensis.* Guigues VI alla donc passer les derniers jours de sa vie bien remplie dans la grande et illustre abbaye de Cluny où il mourut le 22 avril [1060-1070]. Le nécrologe de Saint-Robert de Cornillon, prieuré fondé par son fils, donne la date de cette mort. La chronique de Cluny, rédigée tardivement, groupe l'arrivée du comte d'Albon avec celle de Guy comte de Mâconnais en 1078, ce qui est une erreur. Guigues avait obtenu de garder sous le froc des vêtements de soie : il y renonça avant de mourir. A Cluny son épitaphe se voyait derrière l'église de Saint Pierre le Vieux, sur le cimetière devant la chapelle de Notre-Dame du Cimetière.

Porté par les circonstances et aussi, il faut le croire, par son propre mérite, Guigues VI, a recueilli le bénéfice des efforts de ses prédécesseurs : il fut le fondateur du Dauphiné et, ainsi, ce « Père de la Patrie », Guigues le Vieux eût mérité le nom de Guigues le Grand. Sa mémoire doit demeurer.

Il devait beaucoup à l'église de Vienne dont il avait reçu le comté d'Albon : aussi, en mourant, légua-t-il à Saint-Maurice trois livres d'or pour restaurer la couronne de son chef, un petit calice d'or, un cor d'ivoire, un grand vase de cristal et divers ornements. Ce geste de gratitude était attendu : cependant, les cinq livres d'or, le calice et la patène perçus le 20 avril 873 par son cinquième aïeul, Rostaing, des mains de l'archevêque Adon, ne rentraient pas tout-à-fait, au bout de deux siècles accomplis, dans le trésor de la sainte église de Vienne.

Sous son règne, dès le 2 octobre 1037, son cousin germain l'évêque Mallein était mort. C'est de lui, sans doute, que Guigues VI, étant son avoué, reçut en fief la moitié indivise de Grenoble et des terres de l'évêché possédées, on le sait, par les comtes d'Albon. De là, le titre, qu'il reçoit à Grenoble, le 27 avril 1050 : il est prince de Graisivaudan. Il devient ainsi, en somme, le maître, à titre héréditaire, de l'église de Grenoble, ce que notera plus tard avec chagrin saint Hugues lequel n'aimera ni les comtes d'Albon ni les moines de Cluny. Grâce à cette situation dominante, Guigues VI fait élire évêque de Grenoble, à la mort de Mallein, le frère du prince de Royans Ismidon, Artaud fils d'Artaud et de Pétronille, parce qu'il avait marié son fils Guigues VII avec une sœur de cet Artaud et d'Ismidon. Artaud occupe le siège depuis le 2 octobre 1037 jusqu'au 10 août 1058. Pons lui succède (10 mai 1070-12 août 1076).

*
* *

Les enfants de Guigues VI sont, avec la comtesse de Savoie Alix, Humbert et Guigues VII.

Humbert, qui paraît d'abord comme témoin le 20 août

38

1034, devient évêque de Grenoble après le frère de sa belle-
sœur Artaud : deux chartes relatives à son frère Guigues
VII, le disent expressément (1076-1078) et on ne peut en
douter. Voilà le quatrième et dernier évêque de Grenoble
fourni par la Maison des Guigues ou par leurs alliés au
XIe siècle. La réforme de Grégoire VII, qui tend à établir
l'indépendance de l'Eglise vis-à-vis de l'empereur et des
princes, met fin à ce régime d'association entre la crosse et
le sceptre d'où venaient de sortir, juste à temps, la grandeur
des Maisons de Savoie et d'Albon.

Le frère de ce dernier évêque de Grenoble, tiré de la
Maison d'Albon, Humbert II, Guigues VII, avait dû naître
vers 1025.

Témoin, avec son père, sa mère et son frère Humbert,
de l'acte du 20 août 1034 relatif aux églises de Vif, il l'est
également, avec son père, de l'acte relatif à l'église de Vizille donnée avec ses dîmes et son droit de cimetière.

Il se marie, avant le 27 avril 1050, avec Pétronille, car
ils sont présents tous deux à l'acte de ce jour. Le futur
Guigues VII y assiste le prince de Graisivaudan son père et
sa mère Alix qui font une libéralité à l'abbaye de Saint-
Pierre-hors-les-murs de Vienne. L'abbé la paie d'une somme de 200 sous, dont 100 sous pour le prince, 50 sous pour
sa femme et 50 sous pour leur fils : Pétronille, seule, ne
reçoit rien de précis.

Le 27 janvier 1052/3, à Romans, Guigues paraît encore
comme assistant. Sa femme Pétronille, sœur de l'évêque
de Grenoble Artaud (1037-1056) et d'Ismidon prince de
Royannais, était fille d'Artaud et de Pétronille. Cet Artaud,
connu dès l'an 1000, avait des propriétés en Viennois, au
pays d'Annonay : il en avait aussi en Valentinois. Il avait
donné, à Saint-André, Saint-Martin de Bœuf et Roizey :
c'est à Saint-Martin de Bœuf, sur le Rhône, qu'Adémar,
père de cet Artaud, avait été inhumé à la fin du Xe siècle.

Guigues VII accompagne son père à Briançon en 1053
et, dès lors arrivé à l'âge mûr, il y reçoit de Guigues VI le
surnom sous lequel il sera désormais connu : *filius meus*

Guigo pinguis. Ce devait être un homme de taille courte, de corps trapu, de démarche un peu lente que devancent souvent ses propres idées, mais d'esprit pratique et avisé, de ces hommes enfin sous les pas desquels la terre peut tourner plus ou moins vite, elle ne leur échappe pas. L'héritier du premier comte d'Albon, Guigues le Gras, personnifiait déjà, mieux que personne, le type du Dauphinois.

Pétronille mourut tôt et avant de voir régner son époux : elle fut inhumée à Domène. D'elle il eut Guigues VIII et Alix.

Pour la première fois, le nom de Humbert manque à cette nouvelle génération de la Maison : ce nom reparaîtra lorsque naîtra la génération suivante, ce qui prouve que la coutume n'était pas éteinte. On peut donc être persuadé que Guigues VII a eu un fils aîné avant Guigues VIII, vers 1050 ou 1055, et que ce fils aîné reçut le nom accoutumé de Humbert. Seulement cet aîné dut mourir au berceau : Dieu le rappela à lui avant de laisser à Guigues VII son père le temps de le lui offrir.

Guigues VI s'étant retiré à Cluny pour finir ses jours en paix et laisser, sur les rives de l'Isère, à son gros fils toute la place qui lui était nécessaire, celui-ci prit le titre de comte. Veuf, il épouse, en secondes noces, le 10 mai 1070, Agnès, fille de Raymond Bérenger Ier comte de Barcelone et de sa troisième femme *Almodis*. Raymond-Bérenger, né en 1023 ou 1024, allait mourir à Barcelone le 27 mai 1076 : sa première femme, Elisabeth, s'était mariée avec lui le 14 novembre 1039 et était morte le 29 juin 1050. Sa seconde femme Blanche, qu'il avait prise dès avant le 16 mars 1051/2, avait été répudiée de suite. Les femmes qui se présentaient à l'autel savaient alors qu'elles n'arriveraient pas toujours à fixer sur elles la grâce de leur seigneur et maître : elles redoutaient un tel échec que devait marquer, tôt ou tard, l'ignominie de leur renvoi. L'une d'elles, en 1055, obtient par exception de l'empressement de son fiancé l'insertion dans son contrat de mariage de la clause suivante : « nunquam eam dimittam, nisi propter cucuciam quam ipsa mihi faciat ». Voilà, dira-t-on, une femme bien assurée désormais de son bonheur : et, aussi, un époux bien rassuré. Quant à Raymond Bérenger, il avait pris sa troisième épouse dès 1053 : mais rendu prudent par sa précédente expérience, il avait attendu d'être bien certain d'en pouvoir être satisfait avant d'établir son contrat de mariage qui date du 12 novembre 1056, c'est-à-dire de la troisième année de son union. Il en avait eu, en effet, deux fils, peut-être deux jumeaux, Raymond Bérenger et Bérenger Raymond dès le 15 février 1053/4; Agnès doit être issue de ce dernier lit, comme Sanche qui épousera Guillaume comte de Cerdagne. Elle figure, dès avant son mariage, le 2 janvier 1068/9, avec ses frères, dans un acte passé par son père et sa mère pour Lérins.

A quarante-cinq ans, Guigues VII épousait donc une jeune fille de quinze ans. Le parchemin où fut transcrit son contrat de mariage se retrouve encore aujourd'hui aux archives des Bouches-du-Rhône : *volo te conubio meo adjungi,* lui dit-il et, pour cela, il lui fait une très belle dot. C'est que, grâce à la puissante et lointaine Maison de Barcelone, les horizons encore restreints de la Maison d'Albon s'étendaient vraiment beaucoup. En somme, sauf Grenoble, Guigues donne à cette jeune étrangère à peu près tout ce qu'il a : cela montre le désordre de sa joie. Il donne le château d'Albon, Moras, Vals de Galaure, le village de Saint-Donat et son mandement et tout ce qu'il a généralement dans le comté de Viennois ou dans l'évêché de Vienne, soit en alleu, soit en bénéfice. Il en excepte sa suzeraineté sur les sires de Clérieu, c'est-à-dire le château de Clérieux, Serves et Chevrières : en compensation, il y ajoute, dans l'évêché de Grenoble, les châteaux de Cornillon, Varces et Uriol au dessus de Vif. Il y ajoute, même, le château de Briançon et son mandement, sans compter le tiers des droits qu'il tire de ses plaids de justice. Et elle, que donnait-elle en échange ? La fleur de sa jeunesse souveraine à cet obèse grisonnant. On peut le craindre : tout cela ne suffit pas à amener un beau sourire sur les lèvres de la petite princesse espagnole, issue de cette illustre Maison qui dominait alors le Midi ,lorsqu'elle arriva sur les rives de l'Isère. Elle eut, certes, un fils bientôt de son époux : ce fils fut nommé Guigues par son père, comme s'il devait régner au détriment de Guigues VIII. Sa mère, de son côté, le surnomma Raymond sur les fonts baptismaux en souvenir de son père à elle, mais les chartes disent peu de chose et ne laissent pas deviner tout de la vie de jadis. Dans son testament, en 1076, Raymond Bérenger n'oublie pas ce petit-fils que sa fille a eu de « Guigues d'Albion » : cet enfant se trouve substitué à tous ses autres enfants, s'ils venaient à mourir sans hoirs, pour succéder à la Maison de Barcelone... : belle perspective, mais bien incertaine. Briançon, l'été, la Galaure, l'hiver, valaient mieux, de suite, dans leur petitesse que tous ces innombrables châteaux en Espagne.

Le comte Guigues VII vit encore en 1073 et, et le 12 août 1076, il est à Grenoble : ce sont les chartes d'Oulx qui gardent ces souvenirs. Une charte de Domène (1070-1080 ?), qui date du prieur Hugues Ier peut également se rapporter à lui. Deux autres chartes du cartulaire de Grenoble et de Saint-Robert de Cornillon le nomment avec son frère l'évêque de Grenoble Humbert II (1076-1078) : sa jeune femme n'y est pas nommée. Il semble, cependant, que son seigneur l'ait précédée, comme de juste, dans la tombe, le 19 janvier [1076-1079 ?], car une charte de Saint-Chaffre, datée de 1094, paraît ne pouvoir se rapporter qu'à elle. Son époux, le comte Guigues ,avait donné Saint-Maurice d'Eclassan, près de Vion, à Saint-Chaffre, *de quo, postea, cum fuisset exorta cum uxore non parva controversia,* disent les moines. L'Espagnole n'était pas commode : ce n'était plus la pauvre Pétronille qui ne recevait rien et Saint-Chaffre dut se résigner à tenir ce don comtal sous le domaine des clercs de Saint-Vallier que préférait la comtesse.

C'est dans le prieuré de Saint-Robert de Cornillon fondé par lui que Guigues le Gras repose. Agnès peut y être allée le rejoindre : cependant, le nécrologe de ce prieuré ne la nomme pas.

***

Guigues VIII, fils de Guigues VII et de sa première femme Pétronille, a dû naître vers 1050 ou 1060. Il figure, d'abord, dans une charte d'Oulx avec son père (1057-1079). Devenu comte, une charte le montre : *ego, Wigo, Dei indultu, oppidi Albionis comes,* offrant, à l'abbé de Manthes, du consentement de son frère cadet, fils d'Agnès, Guigues-Raymond, *Guigo, cognomento Raimundus,* la chapelle de Moras et l'église Saint-Priest qu'il possède à titre héréditaire. Ses vassaux, les Moirans, les Roussillon, les d'Aurel, les Tullins, les Sassenage, les Moras l'entourent. Cette charte est datée de 1079 : on ne la croirait pas antérieure à 1096, car Guigues Raymond, né au plus tôt en 1071, y semble majeur, puisqu'il déclare « autoriser » son frère aîné. Cependant il faut prendre ce parchemin dont l'original subsiste tel qu'il se présente : daté de 1079, il en résulte qu'un enfant de huit ans y est admis à approuver le don de son frère aîné. Il semble, en tout cas, que la comtesse Agnès, mère de Guigues-Raymond, doive être forcément morte avant la rédaction de cet acte : elle n'a donc pu survivre à son époux que fort peu de temps.

La première charte, de date certaine, qui montre Guigues VIII en possession de la souveraineté date de 1094 : il est cependant difficile de croire qu'il soit né seulement vers 1065 puisque le mariage de sa mère existait déjà en 1050 : il y a donc dix ans au moins de silence, en Graisivaudan, pour le pouvoir comtal entre 1080 et 1090. Dans cette charte, *Guigo comes, filius comitis Guigonis Crassi,* fait un don à saint Hugues, évêque de Grenoble.

Le temps de la réforme antilaïque dirigée par Grégoire VII était venu. Le représentant du pape était, à cette fin,

l'évêque de Die, Hugues de Romans (1073-1082) : il avait
été fait son légat en 1075 muni de pleins pouvoirs en
France et en Bourgogne. Venu, le 19 mai 1079, à Valence,
le légat y remarqua un jeune chanoine de cette église,
Hugues de Châteauneuf, âgé de vingt-six ans, dont l'aspect
lui plut et qu'il s'attacha. Dès l'année suivante, le légat,
tenant un concile à Avignon, y sut que l'église de Grenoble
était à pourvoir : le chapitre de cette église lui demandait
de désigner un évêque qui pût répondre aux vues nouvelles.
Le légat nomma aussitôt son secrétaire pour remplir ce
poste. Cette méthode — au demeurant fort naturelle —
n'est pas particulière aux légats : la carrière des chefs de
cabinet reste de nos jours toujours assurée. Non seulement, il faut le dire, le jeune secrétaire du légat représente
à Grenoble cette activité spirituelle du pape ennemi de la
souveraineté impériale et d'un pouvoir laïque trop mêlé au
sien, mais, de plus, il y représente aussi l'évolution politique qui se faisait jour partout. Si les chanoines de Grenoble, à la mort de leur évêque, en 1079, au lieu d'en élire
encore un qui soit apparenté, comme les précédents, aux
grandes maisons princières de leur région et, avant tout, à
leur maison comtale, vont chercher et reçoivent avec plaisir
un chanoine de Valence de simple famille chevaleresque
pareil à eux-mêmes, c'est qu'alors la chevalerie urbaine
tendait à prendre le dessus, dans les cités, sur le pouvoir
comtal ou vicomtal. Le conflit qui éclate entre le comte
Guigues et l'évêque saint Hugues se rattache donc à une
situation générale, politique aussi bien que spirituelle.
Le 15 avril 1080, Hugues est dans les murs de Grenoble : le
légat lui procure la faveur d'aller se faire sacrer à Rome
par le pape lui-même. Dès le 1er mars 1074, Grégoire VII
avait décrété que, désormais, le clergé séculier vivrait de la
vie monacale : « interdixit presbiteris... uxores habere... ;
habentes, aut dimittant aut deponantur ». En Germanie, au
dire de Lampert, « adversus hoc decretum, protinus vehe-
menter infremuit tota factio clericorum ». Le pape y paraissait « hominem plane hereticum qui... vivere cogeret

44

ritu angelorum et, dum consuetum cursum naturae negaret, fornicationi et immunditiae frena laxaret ». Cependant, on devait obéir et, comme il l'écrivait peu après à son légat, Grégoire VII voulait des évêques qui fussent vraiment les soldats du Christ, les défenseurs de la justice, des hommes prêts à verser leur sang pour elle. Voilà le programme qui s'offrait au zèle du nouvel évêque de Grenoble. De zèle assurément le nouveau pontife ne manquait pas : mais le zèle se heurte toujours à des difficultés et il avait toute l'inexpérience avec l'ardeur de la jeunesse. Ce qui le prouve, c'est que, deux ans à peine après son arrivée, il se retire, en 1082, chez les Bénédictins de la Chaise-Dieu. Sa retraite dans ce cloître dure un an : celle de Jean Soanen y sera plus longue sous Louis XV. Hugues, lui, était un bon instrument auquel l'Eglise ne pouvait renoncer longtemps. De sa courte retraite, il dut rentrer à Grenoble mieux formé pour assumer sa tâche : cependant, dix ans se passent encore sans apporter rien de décisif. En 1094, quand il obtient un premier don du comte Guigues VII, il n'a plus vingt-six ans mais il en a quarante bien sonnés : c'est un homme mûr et il commence à pouvoir réaliser ce qu'il voulait. Décidément, le légat l'avait armé trop jeune pour affronter la dynastie dauphinoise des Guigues et, aussi, pour affronter la vie. Depuis 1094, par contre, les événements marchent. ,

L'évêque de Grenoble avait d'ailleurs besoin, tout d'abord, de se ménager l'appui du comte Guigues pour résister aux entreprises de son métropolitain Guy de Bourgogne sur le comté grenoblois de Sermorens inféodé aux comtes de Savoie.

Contre cet archevêque de Vienne inquiétant et faussaire, l'union s'imposait de toutes les forces actives du Graisivaudan.

Tout d'abord Hugues prend donc Guigues comme allié.

De cette première époque doivent dater les quatre actes du cartulaire de Domène où l'évêque et le comte paraissent de concert : « coram domino Hugone episcopo Gratianopolitano et domino Guigone comite. »

Dans une lettre qui doit être antérieure au 16 mars 1095, le comte Guigues annonce à l'abbé de Cluny que son domaine de Vizille lui est rendu : ce domaine avait dû être pris aux moines par son père Guigues le Gras dont il demande à Cluny de pardonner l'offense.

Guigues VIII paraît ensuite, le 29 novembre 1095, comme destinataire d'une bulle d'Urbain II, datée de Clermont et relative au pays de Sermorens que le pape voulait voir rendre à l'église de Grenoble : cette volonté visait les machinations multiples et effrontées de l'archevêque de Vienne et, par suite, ne gênait pas les intérêts personnels du comte d'Albon. Le comte d'Albon intervient donc avec énergie auprès de l'archevêque en faveur de son évêque et il le fait avec succès. Mais, malgré ce service rendu, son tour viendra.

Le 22 février 1099, Guigues VIII, *ego Guigo comes, filius Guigonis Crassi,* se décide à abandonner les églises que, par droit comtal, il possédait en son comté : dès 1080, son vassal, Hector de Sassenage avait pris les devants. Après quoi, le partage se fait des condamines qui, jusqu'ici, se trouvaient indivises entre le comte et l'évêque. En réalité, le 22 février 1099, l'évêque saint Hugues se trouvait en Pouille et à Salerne. A son retour, le comte, qui avait résolu ce sacrifice méritoire au moment même où le siège et la prise de Jérusalem exaltaient les cœurs, le renouvela en présence du prélat. S'il avait fait ce sacrifice nécessité par la force de l'opinion publique que dirigeait la papauté, on ne peut s'empêcher de remarquer que le comte d'Albon, âgé alors de quarante-cinq ans ou de cinquante ans, ne s'était pas embarqué pour la croisade. Le comte de Savoie, le comte de Forez s'y étaient rendus, le vicomte de Gap aussi : la chrétienté était debout. Lui, non [20]. Ce Dauphinois dont la femme venait de si loin ne devait pas aimer les grands voyages. Il n'a jamais vu, sur la mer, la vélocité du dauphin fendre les flots.

Le 12 mai 1100, une charte de Saint-Barnard de Romans indique que Guigues VIII a droit au quart de l'hoirie de Lambert François.

En février 1101, le comte Guigues, fils de Guigues le Gras, *pinguis,* se trouve à Briançon et s'occupe des impôts de la vallée de la Gironde, *vallis Jarentonae.* Le 12 mars de la même année 1100/1, il paraît pour approuver une charte du cartulaire de Grenoble : sa désignation ne varie pas, il est toujours *Guigo comes, filius Guigonis Crassi.*

Jusqu'ici, Guigues VIII paraît seul : cependant, il était déjà marié, car, dès le 23 septembre 1103, dans un don relatif à la Chartreuse, puis à Grenoble, le 22 janvier 1105, sa souscription se trouve accompagnée de celle de son fils.

Dans le premier de ces deux actes, il nous dit :

> *ego, Guigo comes...*
> *Laudat... Guiguo filius meus, cognomine vetus.*

Le second présente des termes analogues :

> *Signum Guigonis comitis.*
> *Signum filii ejus, Guigonis veteris.*

Ces textes ne peuvent se traduire convenablement que d'une seule manière :

> Seing de Guigues le comte.
> Seing de son fils, Guigues l'Aîné.

Et, en effet, le comte régnant ayant plusieurs fils, l'aîné de ceux-ci devient le Vieux par rapport à ses cadets. Mais il faut encore, pour justifier pleinement ce surnom, que ce *Guigo Vetus* ou *senior* ait, parmi ses frères cadets, un puîné qui, s'appelant comme lui *Guigo,* sera, par le fait, *Guigo junior.* Déjà, ceci s'étant produit à la génération précédente où le fils aîné avait eu comme cadet, *Guigo-Raymundus.*

On a déjà dit que la coutume des barons de Mévouillon était ainsi d'avoir, à chaque génération, deux fils dénommés l'un et l'autre Raymond. Que Guigues VIII eût déjà plusieurs enfants, la preuve en est donnée cette même année : se trouvant à Briançon et à l'article de la mort, sur la prière de la reine Mahaud, du prévôt Arbert, du chapelain Étienne, il donne à Oulx toutes les redevances que les chanoines de cette prévôté ont coutume de lui payer, soit à Césanne, soit à Briançon. Le don est fait pour la rémission de ses péchés, de ceux de sa femme et de tous leurs enfants, tant vivants que morts. Cette reine Mahaud est sa femme, car un autre don, tiré du même cartulaire d'Oulx, émane du comte Guigues, fils de Pétronille, qui stipule pour le salut de son âme et de celles de sa femme Mahaud, de son père et de sa mère, de ses fils. Ce dernier acte a pour témoins *Matildis regina, uxor ejus, et filius ejus Humbertus Aniciensis ecclesiae electus:* il est donc de l'an 1128 ou environ.

Une charte de Domène, datée de 1106, indique que cette reine, femme de Guigues, est d'origine anglaise, *regina quae fuit de Anglia,* et le comte Guigues VIII y précise que sa mère à lui Pétronille est inhumée à Domène.

Le 29 janvier [1107], *Guigo comes Albionensis* se trouve à Lyon. La reine sa femme, cette année-là, est à Grenoble avec son époux qui se décide à aller faire, et sur le dos d'un coursier confortable, le pélerinage de Saint-Jacques de Compostelle. Trois chartes de Domène concernent ce grand parti : « cum dominus Vuigo comes vellet peregre proficisci ad sanctum Jacobum ». Il répare, d'abord, une petite injustice qu'il avait commise dans le mandement de Voreppe et mande le prieur à Grenoble devant la reine sa femme et toute sa cour pour lui notifier cette heureuse nouvelle. Puis, comme il lui fallait une bonne monture, il lui abandonne les dîmes qu'il percevait à Hérans et reçoit en échange, du prieur, une magnifique mule de cent sous.

C'est pendant l'absence du comte que la Reine Mahaud, sa femme, toujours en 1107, se rend à Rosans où elle assiste avec sa suite à un plaid de l'évêque de Die Ismidon en faveur de Domène.

Le 31 octobre 1110, le comte Guigues, la reine sa femme, nommée Mahaud, font un don à Notre-Dame du mont de Chalais : c'est la trentième année du pontificat de saint

48

Hugues et les deux fils des donateurs, Guigues-Dauphin, Humbert, approuvent le don. Voici ce nom destiné à devenir fameux qui apparaît dans son mystère. Il faut donc que l'aîné des fils de Guigues VIII et de la reine Mahaud, celui du 23 septembre 1103 et du 22 janvier 1105 soit mort avant le don fait à Oulx en 1105. En somme, le mariage du comte Guigues VIII a dû avoir lieu vers l'an 1090, mais il est impossible d'expliquer pourquoi, pendant plus de dix ans, si cette date est exacte, la présence de la reine Mahaud ne se manifeste pas dans les chartes du Graisivaudan et du Viennois. Cette alliance paraît cependant s'être produite avec une race royale et Guigues VIII devait être fier de montrer sa femme. Quand on est le seigneur et le maître d'une reine, on ne la cache pas.

L'origine de la reine Mahaud et celle du surnom de Dauphin que reçoit son fils Guigues IX sont deux problèmes dont l'ampleur dépasse le cadre de la présente étude : leur examen se fera séparément.

Vers l'an 1112, à la Mure, Guigues VIII s'occupe encore du prieuré de Domène en présence de sa femme la Reine et de sa sœur Alix.

Le 30 avril 1112/3, pour la première fois, dépassant au sud le Champsaur, la faveur du comte d'Albon se manifeste à Gap, en Provence : sa femme l'approuve.

Depuis le 2 août 1107 la querelle de l'évêque de Grenoble étant réglée avec Vienne, saint Hugues peut se retourner contre Guigues pour obtenir toute l'indépendance de son église à l'égard du pouvoir comtal.

Le 5 septembre 1116, grâce à l'entremise de Léger, évêque de Viviers et de Pierre évêque de Die, les querelles subsistantes entre le comte et l'évêque de Grenoble saint Hugues se trouvent enfin apaisées. Décidément, au rebours de ses prédécesseurs membres de la Maison d'Albon, dont le pontificat était toujours trop court, cet évêque difficile ne mourrait jamais : il avait sa tâche, fixée par Grégoire VII, à achever. Chose remarquable : il lui est enjoint par ses confrères de ne pas nourrir d'inimitiés contre Guigues

Don de Guigues VIII et de son frère Guigues-Raymond à Manthes

sur le terroir de Moras

(Bibl. Nat. : Ms. nouv. acq. lat., coll. de Bourgogne 78, n° 140)

10 mai 1070

Mariage de Guigues VII et d'Agnès de Barcelone

(Arch. des Bouches-du-Rhône : B. 276)

VIII du fait des entreprises que les prédécesseurs de celui-ci ont faites sur les biens de l'église. Il devra se borner à lui donner des admonitions pacifiques pour l'amener à s'en dessaisir. Evidemment, tout au moins en vieillissant, saint Hugues ne parait pas avoir eu un caractère plein de mansuétude. Au reste, dès maintenant, pour avoir la paix, le comte lui rend tous les droits ecclésiastiques et tous les clercs de l'évêché de Grenoble ou du pays de Saint-Donat en Viennois qu'il dominait encore avec leurs biens. Malgré tout, le zèle de l'évêque n'arrive pas, après trente-cinq ans d'efforts, à évincer le comte de l'enceinte urbaine de Grenoble. La résistance vigoureuse du comte d'Albon sur ce point essentiel est plus heureuse que celles du comte de Lyonnais et du comte de Genevois : ceux-ci se laisseront réduire à l'état de comtes ruraux, ce qui leur enlèvera toute autorité politique. Les Grenoblois, au fond, furent plus fins que les Lyonnais et, même, que les Genevois en comprenant qu'il leur était meilleur d'avoir deux maîtres plutôt qu'un seul. En effet, au milieu de ces querelles entre les deux pouvoirs laïque et ecclésiastique, la ville de Grenoble entend ne rien perdre des bonnes coutumes qu'elle a reçues, dit-elle, soit du comte, soit de l'évêque. Voilà qui est bien : le comte seul ou l'évêque seul eût été moins libéral pour ces excellents citoyens et de nombreux bourgeois ne pouvaient manquer de venir augmenter leur masse en toute liberté. La reine Mahaud approuve cette transaction de 1116. Le 13 juillet, de Toulouse, Calixte II confirme lui-même cet accord définitif que son prédécesseur Pascal II avait ordonné d'établir.

C'est après le 5 septembre 1116 que se place forcément le plaid de Goncelin tenu par l'évêque Hugues : le comte et la comtesse sont absents. C'est le triomphe de l'Eglise : « apud dominum Hugonem episcopum apud Goncelinum ad placitum venimus... qui cognovit tam ipse quam tota curia... ». L'évêque, seul, tient la cour et il a son chancelier. Sur une chicane accessoire et tardive, le comte et la comtesse, muets et présents, ne sont plus que de simples témoins : devant eux l'accord s'établit.

Puisque l'attention se porte sur le caractère de saint Hugues, on en peut relever encore deux ou trois traits que la poussière du temps a recouverts dans des archives ou des bibliothèques plus ou moins lointaines : évidemment, à Grenoble, les clercs du pontife ne transcrivent pas, dans ses cartulaires ,tous les brefs apostoliques reçus par lui de Rome. Les bénédictions seules sont toujours les bienvenues. et elles restent. Le livre de Saint-Chaffre fait connaître un rude avis adressé à l'évêque de Grenoble qui ne se contentait pas de partir en guerre contre le comte d'Albon [13]. Le pape Urbain II ordonne à saint Hugues de rendre à Cluny l'église de Vizille qu'il avait « extorquée » à cette abbaye sous prétexte qu'elle ne l'avait jamais eue : le pape fort mécontent porte personnellement témoignage que Cluny a eu réellement cette église et il ajoute sévèrement : *ita tamen agas ut Cluniacenses adversùs te murmurare non valeant.* Ainsi, selon Urbain II, aussi bien que selon le comte Guigues, l'évêque de Grenoble, ne tenant pas toujours compte de la vérité, ne craignait pas d'agir injustement. A ce bref apostolique on peut en ajouter encore un autre, du même pape, qui n'a pas échappé tout-à-fait aux investigations si minutieuses de M. le chanoine Ulysse Chevalier et dont Rome, plutôt que Grenoble, a gardé la trace [32]. Dans cet indult qui s'adresse au bouillant évêque de Grenoble, ce n'est plus la sévérité qui tombe de la chaire de saint Pierre, c'est une grâce indulgente et qui s'accorde comme un remède nécessaire aux exigences de son corps : *compatimur infirmitati tue.* Le pape ne dit pas de quoi souffre saint Hugues : on sait que, depuis 1092, il avait l'estomac atteint et éprouvait des maux de tête violents. Des soins lui étaient donc nécessaires que le pape autorise pour modérer la rigueur de sa vie. Cependant, cette maladie n'était pas faite pour rendre son caractère plus accommodant et plus doux.

En somme, le plus grand mérite de l'évêque réformateur à Grenoble a été, non pas son attitude vis-à-vis de la famille de ses prédécesseurs, attitude jugée trop agressive en 1116 par l'épiscopat lui-même, mais la fondation de l'ordre de la Grande Chartreuse qu'il établit dès l'an 1084 : pendant près de mille ans cet ordre est demeuré digne du plus grand respect. Il faut dire que ces saints religieux ont su payer généreusement leur dette de reconnaissance envers l'évêque. Leur nimbe d'ascètes s'est reflété sur la tête de cet homme d'action qui leur avait ouvert la solitude grandiose des Alpes neigeuses et, de leur robe immaculée, ils ont, le jour de sa mort, recouvert son corps fatigué d'une longue vie.

Mort le 1er avril 1132, à près de quatre-vingts ans et après cinquante-deux ans d'épiscopat, Hugues fut canonisé solennellement par le pape Innocent II au concile de Pise en 1134, deux ans après. On ne monte plus, aujourd'hui, si rapidement sur les autels : Jeanne d'Arc en est témoin. Saint Bruno n'a été canonisé lui-même qu'en 1514 : l'évêque eût pu attendre cette gloire deux siècles de plus et, lui, deux siècles de moins. Quand au comte Guigues VIII, il paraît, pour la dernière fois, le 30 janvier 1131/2 pour approuver un don fait au Temple par son fils déjà régnant. Il meurt donc peu après son adversaire, le 21 décembre [1132-33], d'après le nécrologe de Saint-Robert de Cornillon. Sa femme, la reine Mahaud, lui survit, d'après une charte de Chalais, jusqu'en 1142 au moins.

Le frère utérin de Guigues VIII, nommé Guigues-Raymond, devait agrandir encore l'importance de la Maison des sires de Vion. Il se marie, en effet, avec *Ita-Raymondis*, fille d'Artaud V et sœur de Guillaume Ier tous deux comtes de Forez. Elle était veuve de Renaud II comte de Nivernais († 5 août 1089) dont elle n'avait eu qu'une fille, Ermengarde, mariée vers 1095 avec Miles sire de Courtenay et Montargis. Le frère d'Ide étant mort à Nicée en juin 1097, au cours de la croisade — et voilà bien le danger des grands voyages —, ses deux fils Guillaume et Eustache furent successivement comtes de Forez, mais ils moururent sans enfants. Par suite, le comté de Forez passe à Ide-Raymonde et, par elle, à son mari, Guigues-Raymond, qui, d'après le nécrologe de Saint-Robert de Cornillon mourut, à son tour, le 5 décembre, Guigues-Raymond a donc pour fils Guigues Ier comte de Forez qui meurt le 27 octobre 1138. Il y aura ainsi, de père en fils, cinq comtes Guigues qui se succèderont jusqu'au 12 septembre 1259. Puis Renaud succèdera à son frère aîné Guigues V, mort sans enfants et il aura deux fils. L'aîné, Guigues VI sera comte de Forez et le second, Louis, sire de Beaujeu. De Guigues VI descendront les trois dernières générations des comtes de Forez représentées par Jean Ier († 3 juillet 1333), Guigues VII († 23 juin 1358) et Louis († Brignais, 6 avril 1362) dont le frère cadet, Jean II sera le dernier comte de Forez († 15 mai 1372). La sœur de celui-ci Jeanne épousera, en 1357, Béraud II, Dauphin d'Auvergne.

De Louis, sire de Beaujeu, descendent les trois dernières générations des sires de Beaujeu éteintes avec Edouard II († 12 septembre 1374) et les seigneurs d'Amplepuis éteints avec Philibert, baron de Linières en 1542.

Préciser l'évolution de ces comtes de Forez et de ces sires de Beaujeu sortirait de l'objet de la présente étude. Ce qu'on peut remarquer une fois de plus, c'est que l'extinction de la sève suit de fort peu chez eux l'abandon du nom de règne, paternel et coutumier.

Si les liens des comtes de Forez et des comtes d'Albon ne s'étaient pas disjoints, si la loi salique les avait dominés, à l'extinction des comtes d'Albon au XIIe siècle, il y aurait eu union du Dauphiné et du Forez, ce qui aurait changé l'histoire du sud-est de la France.

Guigues VIII le comte avait une sœur, Alix, fille comme lui de Guigues VII et de Pétronille : car, mariée avec Aynard Ier de Domène, elle en est déjà la veuve le 6 janvier 1081/3. C'est par elle que le nom de Raymond Bérenger a passé dans la branche cadette de cette famille considérable, quoiqu'elle ne puisse être la fille d'Agnès de Barcelone, sa marâtre.

Alix paraît à la Mure, avec son frère Guigues VIII, vers 1112, dans une charte de Domène. Elle avait dû se rema-

rier avec le chevalier Soffrey de Hauterives [20], dont elle
eut Amédée Ier de Hauterives. Celui-ci, marié et père, vers
1110, d'Amédée II, renonce au siècle pour fonder l'abbaye
cistercienne de Bonnevaux. Il donne à cette abbaye, en
1120, ses vignes de Hauterives et de Lens-Lestang [21] : il
possède encore Charmes, Saint-Geoirs et Clermont. Après
avoir fondé Bonnevaux, il fonde encore Mazan en Vivarais, Montperoux en Auvergne, Tamié et Léoncel. Il meurt
à Bonnevaux le 14 janvier [1150 (?)]. Son fils Amédée II
devait devenir abbé de Hautecombe (1139) et évêque de
Lausanne (1144) où il mourra le 27 août 1159. Cette famille de Hauterives, qui devait assumer les armes de la
Maison de France « d'azur semé de fleurs de lis d'or », est
la souche des Clermont-Tonnerre qui, eux, devaient se
donner des armes parlantes en assumant les deux clefs
croisées de la papauté. Les uns et les autres, ces Dauphinois marquants ne pouvaient viser plus haut.

Le comte Guigues VIII et la reine Mahaud d'Angleterre
ont eu, comme enfants, Humbert, Guigues le Vieux,
Guigues IX-Dauphin, Mahaud et Garcende : il faut probablement y ajouter Guillaume dont la mort est notée le
8 août à Saint-Robert de Cornillon et une troisième fille
nommée Béatrix.

Humbert parait en 1105, le 31 octobre 1110, le 5 septembre 1116 sans qualité précise en raison de sa jeunesse : vers
1128, le siège de Grenoble continuant à être occupé par
saint Hugues, il est élu évêque du Puy et, en 1144, il se
trouve transféré sur le siège métropolitain de Vienne. Il
mourra sur ce faîte éminent en 1147, le 26 juin, d'après le
nécrologe de Saint-Robert de Cornillon.

Guigues le Vieux parait, on l'a dit, le 23 septembre
1103 et le 22 janvier 1105 : il meurt, sans doute, dès cette
année, avant le don fait par son père à Oulx.

Mahaud, fille de Guigues VIII, épouse Amédée III comte

de Savoie et marquis en Italie dont le père Humbert meurt à Moûtiers le 18 septembre 1103 et qui mourra, lui-même à Nicosie le 3 avril 1148 : la sœur d'Amédée III, Alix, épouse elle-même, le 3 août 1115, le roi de France Louis VI. Voici donc les comtes d'Albon mis en rapports d'alliance avec les Capétiens : aussi, le nécrologe delphinal de Saint-Robert de Cornillon mentionne-t-il la mort de la reine Alix le 3 octobre [1154].

Garcende, la seconde fille de Guigues VIII, épouse Guillaume fils d'Ermengaud IV comte d'Urgel, qui teste le 29 avril 1090, et d'Alix comtesse de Forcalquier. Ermengaud IV meurt en 1092 : sa veuve meurt ensuite entre le mois d'octobre 1129 et le 22 septembre 1130. Guillaume, leur fils, connu dès le 29 avril 1090 avec sa sœur Sanche, figure comme marquis de Provence en janvier 1110/1. Il meurt au mois d'octobre 1129 dans les murs d'Avignon dont il était encore le maître : de Garcende d'Albon, il a deux fils, Bertrand et Guigues, comtes de Forcalquier. Ce dernier, qui, on le voit, a reçu de sa mère le nom héréditaire des sires de Vion, teste le 30 mai 1149. Garcende d'Albon survit longtemps à son époux : le 30 mai 1149, présente au testament de son fils, elle y reçoit de lui l'usufruit de tous ses biens, sans compter le château de Pertuis en toute propriété, parce qu'elle avait pris la peine de l'accroître. On la voit encore assister et conseiller ses petits-enfants, à Manosque en novembre 1150 ou 1160 (?), au sujet du château de La Brillane. Parmi les confins de Manosque, depuis elle, figure le terroir de Dauphin, *territorium Dalfini*, sur lequel un château, *castrum Dalfini*, ne tarde pas à être construit. Ce terroir assez exigu semble avoir été démembré de celui de Saint-Maime. Puisqu'elle avait amélioré Pertuis, on peut se demander si ce n'est pas Garcende d'Albon par qui ou pour qui Dauphin aura été créé et qui aura reçu d'elle le nom exotique récemment introduit déjà sur les rives de l'Isère.

On peut se demander aussi si ce n'est pas elle qui aura transmis au trésor de l'église d'Apt, en Provence, l'étendard d'El Afdhal vizir du khalife Aboul Kacem Mostalli, le vaincu d'Ascalon (12 août 1099), trophée triomphal rapporté de Terre-Sainte ,semble-t-il, par l'aïeul anglo-saxon de Garcende.

On peut se demander enfin si Guigues VIII n'a pas eu une troisième fille, nommée Béatrix. C'est le nom de la femme qui a épousé Josserand comte de Diois, mort avant 1149 laissant d'elle un fils le comte Isoard (1149-1166). Cette comtesse Béatrix est la fameuse comtesse de Diois dont la poésie garde le souvenir un peu confus.

Guigues IX-Dauphin, fils de Guigues VIII et de la reine Mahaud, a dû naitre vers 1090 : en 1105, il s'agit déjà de lui et de « tous » ses frères, sans qu'ils soient nommés. Le premier acte qui le désigne expressément est la charte de Chalais, conservée en son original, écrite par Amat et datée du 31 octobre 1110 : *Guigo Dalfinus*, Guigues-Dauphin y figure avant son frère Umbert.

Il approuvera, après la mort de son père, c'est-à-dire après le 21 décembre 1132, avec son frère Humbert, la transaction du 5 septembre 1116 relative aux biens de l'évêché de Grenoble.

Une charte de Bonnevaux montre Guigues-Dauphin, sa femme et son frère Humbert, alors évêque du Puy, en présence de leur mère, Mahaud (1132-1142), approuvant un don jadis fait par leur père Guigues le Comte : c'est le don de l'alpe de *Chalmencuns*, dite maintenant de Charmant-Som. De même, le cartulaire de Domène montre Guigues-Dauphin donnant au prieur de cette maison les dimes que son père Guigues le Comte lui avait laissées à Hérans. Cet acte se passe à Grenoble, près du pont de l'Isère dont c'est la première mention et qui était certes, fort récent, puisque le bac existait encore du temps de saint Hugues. Ni le pont de pierre de Lyon ni celui d'Avignon, sous lequel, dans l'ile de la Barthelasse, « tout le monde y danse », ni celui de Bonpas sur la Durance n'existaient encore. S'il était prouvé qu'il fût déjà bâti en pierre, ce pont de Grenoble serait le premier pont lancé au moyen âge, dans le midi, mais il devait être un simple pont de bois. Cet acte de Domène est fait en faveur du prieur Ulric qui, chanoine et doyen de Grenoble, devient évêque de Die, en 1130 : il est donc de l'année 1130 au plus tard. Le 30 janvier 1131/2, il fait un don au Temple sur le terroir d'Avalon, avec la comtesse sa femme. Son père, encore vivant, a dû lui transmettre le pouvoir entre 1128 et 1132. Il ne nomme pas sa femme, mais il dit qu'elle est sœur du comte de Bourgogne Guillaume.

Le 29 avril 1134, Guigues-Dauphin, comte d'Albon, fils de Guigues le Comte, s'accorde avec l'abbaye de Romans. Le 31 août 1135, le pape Innocent II se plaint des horreurs commises par Guigues-Dauphin, contre cette abbaye.

Guigues-Dauphin mourut le 28 juin [1142], tué, à la Buissière, près de Montmeillan, dans un combat livré au comte de Savoie et son corps fut inhumé dans le cloître de Notre-Dame à Grenoble : cette date est mémorable. Voilà donc désormais affrontées les deux maisons viennoises de Savoie et de Vion qui, depuis deux siècles, s'étaient alliées pour grandir d'une à côté de l'autre. Maintenant la Maison de Savoie s'appuie sur le Piémont : elle devient une émule menaçante. Le Dauphiné et la Savoie ne cesseront plus de batailler ou, tout au moins, de se regarder comme deux pays étrangers l'un à l'autre parce que chacun d'eux a sa base essentielle sur un versant différent des Alpes : celui du Rhône et celui du Pô. La nature a fait que ces deux bassins se tournent le dos : les hommes qui les habitent sont donc portés à en faire autant, à moins que leurs intérêts ne les rapprochent. Ces intérêts, qui sont ceux du commerce, on ne les méconnaît d'ailleurs pas : l'acte du 13 juillet 1228 passé par André Dauphin le prouve.

Guigues IX - Dauphin avait épousé Clémence de Bourgogne, fille d'Etienne Ier Tête-Hardie, comte de Varais en Bourgogne (11 novembre 1087 † 1102) et de Béatrix : celle-ci, fille de Gérard d'Alsace, duc de Lorraine, survit encore à son mari en 1120, sous le règne du roi des Romains Henri (1120-1135), et du temps de l'évêque de Lausanne, Girard de Rougemont (24 juillet

1120-16 avril 1121). Clémence était donc la nièce du pape Calixte II (2 février 1119-13 décembre 1124), précédemment archevêque de Vienne (1088-1119). Evidemment, c'est Guy de Bourgogne pendant son séjour à Vienne qui a arrangé ce mariage vers 1110. Que Guigues IX ait épousé Clémence de Bourgogne, le privilège du pape Adrien IV, date du 1er mai 1155 prouve ce fait avec certitude. Cependant, il est également certain que Clémence a reçu, en Dauphiné, le surnom de Marguerite. Son biographe et le nécrologe de Saint-Robert en donnent la preuve.

La nièce de Clémence, Béatrix de Bourgogne, fille de son frère Renaud et d'Agathe de Lorraine, épousera, le 10 juin 1156, à Würzbourg, l'empereur Frédéric Barberousse entre les mains de qui, par elle, tombe ainsi le comté palatin de Bourgogne. Désormais, l'empereur tient de beaucoup plus près que ses prédécesseurs depuis un siècle tout le royaume de Bourgogne.

Dès ce moment, la Maison d'Albon se trouve alliée de près, par les liens du sang, à tous les souverains qui dominent l'occident de l'Europe.

*
**

En ce qui concerne le Viennois, il faut ajouter que Guillaume Ier Tête-Hardie, comte palatin de Bourgogne († 11 novembre 1087), aïeul de Clémence, avait épousé, vers 1050, Stéphanie. Voici l'épitaphe de cette princesse recueillie par le père Pierre-François Chifflet, après André du Chesne, sous la date du 19 octobre : [33]

> ALLOBROGUM COMITISSA FUI, STEPHANIA VOCATA.
> RES, GENUS ET FORMAM DEDERAT NATURA PARENTUM :
> INVIDUS ISTE DIES ABSTULIT ILLA MIHI.

En 1069, dans un acte daté de Poligny dans le Jura, le comte de Bourgogne Guillaume et sa femme Stéphanie

58

confirment à Cluny divers biens, notamment à Salins et à
Poligny, *ego Willelmus gratia Dei Burgundiae comes &
uxor mea Stephania...* Stéphanie survit à son mari, comme
le prouve une charte du 22 avril (1088-1101), où elle donne,
en souvenir de son très cher époux à l'église Saint-Etienne
de Besançon six manses d'alleu acquis de ses propres deniers, *ego Stephania Burgundiae comitissa... dono... pro
remedio animae dilectissimi mariti mei, strenuissimi mili-
tis et nobilis domini mei comitis Guillelmi, laudantibus...
filiis suis et meis, Hugone videlicet ejusdem ecclesiae Dei
gratia archiepiscopo et Raymundo Burgundiae comite.*

L'épitaphe de Stéphanie indique qu'elle avait hérité les
biens de ses parents, c'est-à-dire de son père et de sa mère,
res dederat natura parentum. Si l'on s'en tenait à l'usage
moderne, la qualité que cette épitaphe lui donne, *Allobrogum comitissa,* ferait penser que le père de Stéphanie avait
été comte de Viennois, de Genevois ou de Savoie. Ce serait
une erreur. Qu'il suffise, à cet égard, de rappeler la notice
suivante émanée du prieuré de Perrecy en Charolais :

> *Hugonis magni temporibus, Lamberto Allobro-
> gum comite, Letaldus miles Burgundiam petens
> praedicto Lamberto atque Bernardo cognatis videli-
> cet suis sese commisit...*
>
> *Horum ergo temporibus Arverni, fines suos
> progressi, Burgundiam irruunt agrosque vastantes
> ...sicque patriam redeunt.*
>
> *Quibus jam tertio maturantibus remeare, fama
> Allobroges pervolat, quosque potentes conturbat
> Lambertum necne Bernardum.*

Cette notice rappelle Hugues le Grand, duc de France,
qui fut aussi duc de Bourgogne (943 † 16 juin 956) ainsi
que Lambert, fils du vicomte de Dijon Robert et d'Ingel-
trude, qui, ayant épousé Alix fille de Giselbert, devint par
elle comte de Chaunois le 8 avril 956 : il mourut le 22 février 978.

De là résulte clairement que, du Xe au XIIe siècles, non
seulement dans le bassin supérieur du Rhône mais aussi

dans le bassin de la Saône, tous les Bourguignons du royaume et même du duché français de Bourgogne se croyaient volontiers, en style littéraire, issus des Allobroges. Il y a donc identité entre le titre officiel que Stéphanie prend le 22 avril, après la mort de son mari, *comitissa Burgundiae* et celui que lui donne, le 19 octobre, son épitaphe poétique, *Allobrogum comitissa*. Par cette épitaphe, Stéphanie nous dit : « je fus comtesse de Bourgogne ». Dans la première moitié du XII⁰ siècle ,les hommes les plus instruits de la Franche-Comté, à Besançon, pensaient descendre des Allobroges. N'invoquons-nous pas maintenant les Ligures et les Ibères un peu partout sans bien savoir jusqu'où s'étendait exactement le domaine respectif de ces peuples primitifs ? Il ne faut donc pas être trop surpris de cette erreur.

Ce qu'il y a de certain, c'est que la comtesse Stéphanie transmet son nom — un nom peu commun — à son fils puîné Etienne : ce nom, jusqu'ici, n'existait pas dans la Maison des comtes de Bourgogne. Le patrimoine qu'elle pouvait avoir doit par suite passer après elle ainsi à Etienne I⁰ʳ Tête-Hardie, beau-père de Guigues-Dauphin. Or, Etienne possède assurément un domaine dont la provenance ne peut être que maternelle. C'est celui qui fait l'objet de l'accord suivant passé entre Etienne et son frère Guy devenu archevêque de Vienne (1088-1102) : cet acte, publié par Chorier, doit dater du moment où Etienne allait partir pour la croisade si l'on en juge par la quantité de mulets et de mules qu'il cherche à se procurer.

> Haec est convenientia placita, quae facta est inter Guidonem Viennae archiepiscopum et fratrem ejus. Comes Stephanus mittit in vadimonio fratri suo Guidoni archiepiscopo totum honorem quem habet in civitate Vienna ab isto Paschate usque ad sex annos praeter feudum sui militis Achardi et Pontii fratris ejus qui tamen serviant archiepiscopo, eo pacto quo promisit Desiderius comiti Willelmo. Hoc est placitum quod si comes vel filius ejus vel nepos

> ejus qui sit comes Burgundiae a praedicto termino
> in antea hoc vadimonium voluerit redimere, archie-
> piscopus Guido suam quam dedit recipiat pecuniam
> vel ipse vel Viennensis ecclesia et ideo comes mittet
> decem obsides archiepiscopo vel suis quibus hoc pac-
> tum reliquerit et item decem obsides archiepisco-
> pus.... Et comes reddit archiepiscopo fidelitates et
> juramenta omnium suorum civitatis Viennae.... Et
> hoc est in pacto ut comes nunquam redimat hanc
> vageriam propter hoc ut alicui vendat vel donet.
> Quantitas hujus pecuniae est octo millia solidorum
> Viennensis et Lugdunensis vel Valentinensis mone-
> tae octavae et duo millia in solidatis vel mulis vel
> mulabus. Praesentibus...... ex parte comitis Ste-
> phanus de Claromonte.

Etienne Ier laisse, à son tour, deux fils Reynaud et Guillaume : l'hérédité de Stéphanie passe à ce fils cadet Guillaume.

Le 17 juin 1147, Guillaume, sa femme Ponce de Traves,
leurs deux fils Etienne et Gérard font un don à Cluny, *ego
Willelmus Matisconensis comes et Burgundiae..... confir-
mante Poncia comitissa uxore mea et filiis meis Stephano
et Gerardo...* Ainsi, on voit que le nom de Stéphanie
continue à se transmettre dans cette branche cadette qui a
reçu ses biens. De plus, un nouveau nom jusqu'ici inconnu
dans la Maison des comtes de Bourgogne vient s'y joindre : celui de Gérard. C'est celui du duc de Lorraine
Gérard d'Alsace, dont la fille, Béatrix, est la mère du
comte Guillaume. Il s'y répétera avec celui d'Etienne
à la génération suivante. Guillaume comte de Mâconnais
et de Bourgogne meurt après le 13 janvier 1155 et
avant 1157. Son fils aîné Etienne porte, en 1169,
les qualités suivantes *ego Stephanus Dei gratia
comes Burgundiae et dominus de Treva.* Il est la
tige des comtes de Bourgogne et d'Auxonne qui acquerront
bientôt par mariage le comté de Chalon. Le frère cadet
d'Etienne, Gérard, est celui qui recueille l'héritage de
Stéphanie. En effet, en 1157 s'il ne porte encore que le

nom de Mâcon, *Gerardus comes Matisconensis,* cela ne tarde pas à changer. En 1170, voici les qualités des deux frères : *ego Stephanus Dei gratia comes Burgundiae…* *…adhibita laude fratris mei Girardi Viennae comitis Matisconensis.* Girard meurt avant 1179. Le 13 mai 1179 sa veuve, Maure, prend les qualités suivantes : *ego M. comitissa Viannensis et Matisconensis.* Son sceau la représente debout avec cette légende : SIGILLUM COMITISSE VIENNE. Ce comté de Vienne passera aux sires de Pagny par une petite-fille de Gérard. L'archevêque de Vienne Jean de Bernin acquerra, de Hugues d'Antigny, sire de Pagny, les derniers droits sur Vienne que celui-ci continuait de posséder, comme héritier, depuis 1240, de la Comtesse Alix. Cet acte définitif, sera passé à Lyon le 21 janvier 1262/3 et il sera ratifié par le pape Clément IV le 4 janvier 1266. Cette vente, au prix de 6.500 livres viennoises, comporte le comté dans l'enceinte urbaine avec le palais placé près l'église Saint-Pierre des Vignes. Le comté comporte, de plus, le terroir placé sur la rive droite du Rhône, en deça de Lyon, et comme vassaux, le Dauphin de Viennois, Guillaume de Beauvoir, Berlion et Guillaume d'Illins, Guichard de Montagnieu. Le fief du sire de la Tour en est seul excepté [36].

De ce qui précède il résulte que la comtesse Stéphanie apporte à son mari Guillaume Ier Tête-Hardie, comte de Bourgogne, avant 1069, un fief dans la cité de Vienne, fief que son fils Etienne engage à l'archevêque vers 1090 pour 10.000 sous et en raison duquel, à dater de 1170, son arrière petit-fils Gérard se qualifie comte de Vienne. C'est, assurément, la comtesse Stéphanie qui transmet son propre nom à son fils Etienne Ier époux de Béatrix et gendre du duc de Lorraine Gérard d'Alsace. De qui Stéphanie pouvait-elle être la fille ? Il faut trouver une ascendance qui fournisse ce nom d'Etienne : dans cette ascendance doit exister un comte ayant des droits sur Vienne. L'engagement de ces droits viennois fait par Etienne vers 1090 est d'ailleurs assez explicite pour prouver qu'ils portent uniquement sur l'enceinte urbaine de Vienne et non pas sur les terroirs ruraux qui, dépendant de Vienne, composent le Viennois de rive gauche. Quand l'archevêque Brochard, après la mort de son frère Ulric, inféode le comté septentrional de Viennois au comte de Savoie et le comté méridional de Viennois au sire de Vion, on a précisément constaté que l'enceinte urbaine n'était pas comprise dans ces deux inféodations. Il faut donc de toute nécessité que l'archevêque Brochard, en recevant le comté de Viennois lui-même du roi Rodolphe le 14 septembre 1029 (?), n'ait pas confié l'enceinte urbaine de Vienne à son propre frère le comte de Nyon Ulric qui, dès le 19 août 1019, était cependant son avoué. Il faut qu'il ait été conduit à inféoder cette enceinte en faveur d'un autre bénéficiaire.

Le nom d'Etienne ne paraît pas être porté vers 1025 dans aucune des maisons comtales bourguignonnes placées dans le bassin supérieur du Rhône. C'est le nom de Gérard qui existe dans la Maison des comtes de Forez, c'est-à-dire de Lyonnais, où il alterne avec celui d'Artaud [37].

Gérard Ier, né vers 880, figure à Vienne le 18 janvier 915 comme *fidelis imperatoris* et le 14 novembre 917. Il a pour fils Artaud et Gérard II. Celui-ci est déjà mort en janvier 938 et son frère Artaud lui survit ainsi que sa femme Ermengarde. Ermengarde lui donne trois fils. L'aîné des trois, dom Artaud, *illustris juvenis*, épouse *Adalraia* : il est inhumé à Saint-André-le-Bas de Vienne. Le second, Gérard III épouse Gimberge : il est la tige des comtes de Forez. Le troisième, Adémar, épouse *Agena:* il est la tige des princes de Royannais. Mourant avant l'an 1000, il a pour fils Artaud, Gaucerand, Guillaume, Silvy, Notard et Guigues. L'aîné de ses fils, Artaud, se marie deux fois. De sa première femme, fille d'*Exmido,* Artaud a Ismidon prince de Royannais (novembre 1.001-27 janvier 1052/3) dont la fille *Abaldisia* (1086-12 mai 1100), née vers 1030 épousera Hugues comte de Valentinois (1037-20 août 1108). De sa seconde femme, Pétronille, Artaud a comme fils, Artaud, évêque de Grenoble et, comme fille, Pétronille femme de Guigues VII comte d'Albon.

Gérard III, époux de Gimberge, paraît en mai 957 avec sa femme et sa fille Adaltrude abbesse de Saint-Pierre de Lyon. Il meurt avant 994 et il a pour fils le comte Artaud époux de Thiberge de Savoie. Ce comte Artaud parait au mois d'avril 995, *ego Artaldus comes* et il meurt le 10 février d'après le nécrologe de Talloires. Celui de Lyon l'inscrit le 11. Sa veuve Thiberge parait au mois de mars 1010, au mois de mai 1012 et à Lyon le 13 avril 1013. Ce comte Artaud a comme fils le comte Gérard IV et Artaud avec une fille Rotilde : celle-ci, épousant le comte de Valentinois Adémar, en aura un fils qu'elle nommera *Geraldus*. Le comte Gérard IV paraît avoir épousé Valdrade : il vit en mars 1010, vers 1017, en 1020, vers 1030, le jeudi 13 février 1029. Il est à Savigny en juin 1046 : il tient un plaid comtal vers 1049 et il meurt le 5 mars. Il a pour fils le comte Artaud connu le 8 mars 1061, vers 1075 et vers 1078. Celui-ci *Artaldus comes Forensis* épouse *Raymodis* qui elle descend du comte Geilin et de *Raimodis*. Ce comte Artaud a un fils le comte Guillaume et une fille, *Ida-Raymodis* qui portera le comté de Forez à la Maison des comtes d'Albon. En effet, le comte Guillaume, son frère, a bien deux fils, Guillaume et Eustache : mais Guillaume sera chartreux et Eustache, croisé, mourra vers 1117 sans enfants. Une fois de plus la race féodale s'éteint presque aussitôt après avoir abandonné son nom de règne, c'est-à-dire, ici, l'alternance des noms de Gérard et d'Artaud.

Dans cette Maison des comtes de Lyonnais, ce sont donc les noms de Gérard et d'Artaud qui existent, celui d'Etienne y est inconnu, tout au moins dans la première moitié du XIe siècle.

Les comtes de Lyonnais se trouvant écartés, l'attention se porte vers Genève.

Le roi Rodolphe III étant mort à Lausanne, le 6 septembre 1032, le comte Eudes de Champagne, fils de sa sœur Berthe, voulant dominer le royaume, s'empara de Neuchâtel et de Morat dans le diocèse de Lausanne : puis, soutenu par l'archevêque de Lyon Brochard, il vient assiéger et occupe Vienne. Cependant, la reine Hermengarde et son avoué le comte de Savoie Humbert, prenant le parti contraire, gagnent l'Italie et la Germanie. L'empereur Conrad le Salique, par sa femme Gisèle de Souabe, fille de Gerberge de Bourgogne, était en effet l'autre neveu de Rodolphe, celui auquel en mourant il avait fait transmettre les insignes royaux de la Bourgogne. Accourant de Sclavonie, l'empereur arrive par Soleure et, à Payerne le 2 février 1033, se fait élire par les grands roi de Bourgogne. Cependant, la rigueur de l'hiver l'empêche d'emporter les places occupées par le comte de Champagne. Rentrant par Zurich, il y accueille la sujétion de la reine et du comte Humbert qui le joignent dans cette ville, puis il va dévaster les pays du royaume de France qui dépendaient du comte de Champagne : Eudes ainsi malmené se soumet à lui. L'année suivante, dans l'été, l'empereur vient achever sa prise de possession. Suivi de ses Allemands et de Lombards guidés par le comte de Savoie, avant d'enlever et de ruiner Morat, il entre dans la ville de Genève, y reçoit la reddition de l'archevêque de Lyon Brochard II, de Gérold prince de cette région et des autres grands dont l'opposition s'était jointe à la leur. Wipon donne la suite de ces événements : *Augustus, veniens ad Genevensem civitatem, Geroldum principem regionis illius et archiepiscopum Lugdunensem atque alios quamplures subegit.* Le 1ᵉʳ août 1034, dans l'église Saint-Pierre de Genève, au jour de la fête de saint Pierre ès liens, l'empereur ceint la couronne de Bourgogne[38]. Eudes se révoltera d'ailleurs et sera tué le 15 novembre 1037 sur les rives de l'Orne à l'est de Verdun. Né vers 983, il avait épousé vers 1005, Hermengarde fille de Robert comte d'Auvergne, dont il eut deux fils Thibaud et Étienne : celui-ci, né vers 1010, paraît dès le 11 juillet 1034 et le 27 mars 1035[39].

Le comte de Genevois Gérold, se révoltera aussi avec Reynaud, comte de Bourgogne : vaincus à Montbéliard comme Eudes, ils viendront faire leur soumission à Soleure en 1045, au fils de Conrad Henri III : *Reginolt et Gerolt Burgundiones regi apud Solodurum ad deditionem venerunt,* dit Hermann de Reichenau. Reynaud, par sa mère Hermentrude de Roucy et sa grand'mère maternelle Albrade de Lorraine était parent au sixième degré du comte Eudes de Champagne.

Au début du XIe siècle, dans le diocèse de Genève existaient à la fois les comtes de Genevois et les comtes de Nyon.

Le comte de Nyon Anselme épouse vers 970 Alduide, la concubine de son roi Conrad qui vient de se remarier avec Mahaud de France et qui, de cette femme, avait eu le futur archevêque de Lyon Brochard Ier († 22 juin 1030 ou 1031). Le comte Anselme et Alduide ont au moins quatre enfants : l'archevêque de Vienne Brochard (1001 † 19 août 1031), l'évêque d'Aoste Anselme (995 † 16 janvier 1026 ?), le comte Ulric avoué de son frère Brochard (19 aout 1019) et Auxilie qui, avant le 2 avril 1003, épouse le comte de Savoie Humbert II « aux blanches mains »[40].

Le comte de Genevois Robert, du vivant de l'évêque de Genève Hugues (988-11 octobre 1021) et sous le pontificat de Benoît VIII (22 juin 1012-7 avril 1024), donne à l'église Notre-Dame, Saint-Véran et Saint-André de Peillonnex, entre la Menoge et l'Arve, construite par l'évêque de Genève Gérold (961 † avant 988), des biens notamment à Faucigny, *Fesiniaco,* Marcellaz, *Marsolatis,* Presinge, *Presennio,* Machilly, *Maciliaco,* Aise (?), *Acisia,* Scionzier, *Seunseio,* Fillenges, *Fillennio.* Il y ajoute en amont de Cluses, *inter Clusas,* l'église de Passy, *Paciaco.* Ce don important doit soulager les âmes de l'évêque Gérold, fondateur de cette église, de Hugues, déjà décédé, neveu du donateur, de Conrad père du donateur, du donateur le comte Robert lui-même, de Conrad fils du donateur et, enfin, du clerc Hugues parent du donateur. Le comte Robert et son fils Conrad souscrivent ce don. L'évêque de Genève Hugues, un dimanche ou il chante la messe sur l'autel de son église dédié au prince des apôtres, excommunie qui voudrait s'y opposer : le pape Benoît VIII confirme le tout. Evidemment, le donateur n'oublie aucun des membres de

66

sa famille, morts ou vivants : seules, les femmes brillent
par leur absence. Il juge superflu de penser à sa mère, à
sa femme et à ses filles, soit que leurs âmes lui paraissent
pures de toute faute, soit que leurs personnes aient peu
d'importance à ses yeux. Ce comte Robert est alors déjà
d'un certain âge puisqu'il commémore la mort de son neveu Hugues : on ne sait si l'évêque Gérold qui figure en
premier lieu dans l'ordre de ses pensées avait été son oncle.
Etant donné l'ordre social de cette époque, cela ne serait
pas surprenant : dans ce cas, le nom de Gérold aurait déjà
existé dans la famille des comtes de Genevois dès la seconde
moitié du Xe siècle. Mais, ce qui est notable, c'est que le
prince Gérold maître du Genevois en 1034 et en 1045 semble être inconnu de ce comte de Genevois Robert vers
1018, alors qu'il énumère si soigneusement tous les mâles
de sa famille ".

Une lettre, écrite vers 1043, par Reynaud comte de
Bourgogne et, en particulier de Portois († 4 septembre
1057) à Guillaume duc de Guyenne, indique que Gérold de
Genève était fils de Berthe, *de Berta Geraldus Genevensis,*
que sa mère Berthe était fille de Mahaud, *de Mathilde filia
Mathildae, Berta* et que Mahaud, mère de Berthe, était
fille elle-même de Mahaud de France femme de Conrad le
Pacifique († 19 octobre 993) roi de Bourgogne. Partant de
ce texte, M. Ed. Secretan a prouvé que Mahaud de Bourgogne, née vers 965-970 du roi de Conrad le Pacifique et
de sa dernière femme Mahaud de France, avait dû épouser,
vers 985 au plus tôt, Conrad le Vieux, duc de Carinthie
et de Franconie, fils d'Otton, comte de Worms, duc de
Carinthie et frère du pape Grégoire V (996-999). Ce Conrad le Vieux († 12 décembre 1012) a eu, de Mahaud de
Bourgogne, Conrad le jeune († 1039) et Berthe de Worms.
Celle-ci, née vers 985-990 au plus tôt, a épousé, vers 1005-
1010, Eberhard III, fils d'Eberhard II († 999) comte du
Nordgau d'Alsace. Cet Eberhard III (1016-1026) est donc
le père de Gérold comte de Genevois qui, ainsi, n'a pu
naître que vers 1010-1015 : Gérold de Genève (1034-1045)

porte le nom de son oncle Gerold fils d'Eberhard II et frère d'Eberhard III. Le nécrologe de l'abbaye de Saint-Cyriaque d'Altdorf prouve bien que le comte Eberhard de Nordgau, mort le 4 septembre [1026] et inhumé au haut du chœur de cette église, était l'époux de la comtesse Berthe : mais son comté de Nordgau ne passe pas après lui à son fils Gérold. Il passe à son oncle Hugues II († 1047) père du pape Léon IX (né en 1002 † 1054) ".

D'après les Annales de Saint-Gall, Rodolphe III, au début de son règne, avait essayé de priver de leur hérédité quelques-uns de ses comtes, dont sans doute il était peu satisfait : mais ceux-ci, l'attaquant, eurent raison de lui, Cela se passait en 995 : dès lors, la politique du roi fut de s'appuyer sur les évêques et, toutes les fois qu'il le peut, il leur inféode le comté de leur diocèse. En 996, l'archevêque de Tarentaise, en 999, l'évêque de Sion, le 25 août 1011, l'évêque de Lausanne, en 1023, l'évêque d'Aoste, obtiennent ceux de Tarentaise, de Valais, de Vaud et du Val d'Aoste. Le 24 avril 1011, la reine, elle-même obtient ceux de Viennois et de Sermorens en attendant d'offrir celui de Viennois à l'archevêque de Vienne. Genève fait exception : quelle est la raison de cela ? Otte-Guillaume comte de Bourgogne, qui était de souche royale, continuait à mener l'opposition des grands laïcs contre le roi et Genève lui servait de base vers les Alpes. En 1019, l'évêque de Lausanne, comte de Vaud, est assassiné : le roi le remplace par son propre fils, Hugues. En 1020, une armée germanique mise à la disposition du roi par l'empereur, et commandée par l'évêque de Strasbourg Werner, frère du comte de Sundgau Ratbod, vient jusqu'à Genève pour mettre à la raison le parti d'Otte-Guillaume.

Évidemment, les deux comtes Ratbod de Sundgau et Eberhard de Nordgau se trouvent dans l'armée commandée par l'évêque de Strasbourg : Robert comte de Genevois et son fils Conrad, sans doute partisans d'Otte-Guillaume, disparaissent dans ce conflit. Le comte de Nordgau Eberhard, dont la femme Berthe était la propre nièce du roi Rodolphe, est récompensé du succès de cette armée alsacienne en recevant pour son fils Gérold, âgé de dix ans environ le comté de Genevois. Neuf ans plus tard, quand l'archevêque de Vienne Brochard, appartenant lui-même à la famille genevoise des comtes de Nyon, reçoit à Orbe, dans le diocèse de Lausanne, du roi Rodolphe le comté de Viennois par précepte du 14 septembre 1029 (?), il est sans doute invité, pour donner plus d'importance à la situation du jeune alsacien Gérold petit-neveu du roi, à lui inféoder l'enceinte urbaine de Vienne. Après la mort de son père Eberhard, arrivée le 4 septembre 1026, Gérold comte de Genevois et de Vienne a dû se marier vers 1030, et il a eu au moins deux enfants : un fils nommé Gérold comme lui et une fille nommée Stéphanie. Le nom de cette fille est celui du fils cadet d'Eudes comte de Champagne autre neveu du roi Rodolphe. Eudes, né vers 983, était ainsi le cousin germain de Berthe comtesse de Nordgau née vers 990 : son fils cadet Étienne né vers 1010 était, par suite, le cousin au sixième degré de Gérold fils de cette Berthe né lui-même vers 1010. Le nom d'Étienne, dans la seconde moitié du Xe siècle, était un nom porté par les comtes de Gévaudan et par les vicomtes de Clermont qui deviennent comtes d'Auvergne. Hermengarde, que le comte de Champagne Eudes épouse vers 1005 et qui donnera ce nom d'Etienne à son fils cadet, était fille de Robert comte de Clermont et de Hermengarde de Gévaudan. L'oncle paternel de cette Hermengarde qui devient comtesse de Champagne est Etienne évêque de Clermont (1016-1025) : l'aïeul maternel de cette même Hermengarde est Etienne comte de Gévaudan. Tout porte à penser que le comte de Genevois Gérold a donc épousé vers 1030 une princesse auvergnate, sœur ou cousine de la comtesse de Champagne Hermengarde, soit du côté de Robert comte d'Auvergne soit de celui de Pons comte de Gévaudan : ni d'un côté ni de l'autre ne manque le nom d'Etienne et la qualité de Gérold comme comte de Vienne rend cette alliance naturelle, car le Viennois et l'Auvergne se touchent.

Le comte de Genevois et de Vienne Gérold eut donc au moins deux enfants : un fils nommé comme lui Gérold et une fille qui reçoit le nom auvergnat de Stéphanie. A ce fils Gérold II (1060-1080 ?) passe le comté de Genevois. Gérold II épouse Thiberge fille d'Amédée Ier comte de Savoie qui lui donne Conrad, Aimon comte de Genevois marié avec Ite de Faucigny et Brochard. Thiberge de Savoie était veuve de Louis de Faucigny dont elle avait eu, notamment, Guy évêque de Genève.

A Stéphanie fille de Gérold Ier passe le comté de Vienne : son père la marie, comme on l'a dit, avec Guillaume Ier « Tête-Hardie » fils du comte de Bourgogne Raynaud son allié dans sa révolte contre l'empereur en 1045. Ce mariage a dû se conclure vers 1050. Précisément, le pape Léon IX, cousin germain du père de Gérold, venant d'Italie, passe au mois de septembre 1050 par Saint-Maurice en Valais et par Romainmôtier. Le comte de Genevois dut assurément se porter à sa rencontre et le pape dut profiter de son passage pour faire célébrer cette union familiale en sa présence. En effet, Léon IX se trouve à Besançon le 3 octobre 1050.

*
**

De Guigues-Dauphin et de Clémence de Bourgogne, petite-fille de Stéphanie, on ne connaît que trois enfants Guigues X, Béatrix et Marquise. Peut-être faut-il y joindre une troisième fille nommée Marie.

Béatrix épouse Guillaume de Poytieux, comte de Valentinois (1163-mai 1184), né vers 1130, dont elle a deux fils Aymar et Guillaume. Ce n'est pas elle, mais Béatrix de Vienne, fille de Gérard de Vienne comte de Mâcon et de Maure de Salins, qui épouse vers 1178 Humbert III comte de Savoie, veuf de trois femmes qui lui avaient donné seulement deux filles. Il était le fils du comte Amédée III et de sa première femme Alix : il mourra en 1189. Mère du comte Thomas, héritier tardif de Humbert III, cette Béatrix de Vienne mourra seulement, elle-même, le 8 avril 1230 et sera inhumée à Hautecombe.

Marquise, qui mourra le 21 juillet 1196, épouse Guillaume IV comte d'Auvergne (1145-1170) dont elle a Robert Ier Dauphin d'Auvergne et comte de Clermont (1170 † 22 mars 1234).

Marie, épouse Guillelmo « Piscialora », marquis del Bosco, près d'Alexandrie en Piémont. Né vers 1120, fils du marquis Anselmo (Tiglieto, 27 août 1131) et d'Alix, Guillelmo « Piscialora » paraît, du vivant de son père, le 27 août 1131, puis après lui le 2 août 1152 et en 1173 : Marie est sa veuve le 12 août 1184 et elle a eu de lui cinq enfants. Les deux premiers sont Anselmo « Bisaccia » (1173-1199) et Arduino (1173-1185) qui, partant pour la croisade, teste en présence de sa mère à Albissola, le 12 août 1184, puis paraît à Acre en Palestine le 15 mars 1185, avec la qualité de marquis. Les trois derniers sont Azzo (1180-1191), Delfino (1179-1216) et Sibilia (1184-1185) qui épouse Enrico Malocello mort avant le 15 mars 1185. Le nom du quatrième fils de Marie est assez significatif : ce nom donne à croire qu'elle est fille de Guigues IX-Dauphin. Ce Delfino del Bosco paraît le 12 août 1184: il reçoit Stella et épouse une Giovanna dont on ignore la famille. Le 3 octobre 1210, à Montechiaro, les hommes de cette localité, par ordre du marquis Delfino jurent fidélité aux citoyens d'Alexandrie [48].

Guigues X Dauphin, comte d'Albon, né vers 1120, paraît d'abord dans une charte de Chalais, datée de 1142-1144, où avec sa mère Clémence de Bourgogne, il confirme le don fait par son aïeule la reine Mahaud et son oncle Umbert l'archevêque de Vienne : *Guigo comes filius Guigonis Delfini cum matre suâ donavit...* En 1151, le cartulaire de Romans nomme le comte d'Albon Guigues-Dauphin. Le 7 juin 1153, l'empereur Frédéric Ier élève Silvion de Clérieu au rang de prince immédiat de l'Empire en présence de Guigues de Domène et de Pierre de Vinay: c'est un amoindrissement du comté d'Albon. Par contre, le 13 janvier 1155, Guigues-Dauphin, « comte de Grenoble », se voit confirmer tous les bénéfices qu'il possède à titre héréditaire. L'empereur lui donne, en fief direct, la mine d'argent qui se trouve dans le domaine de Rame en Briançonnais avec le pouvoir de frapper monnaie à Césanne, également en Briançonnais, sur les pentes orientales du mont Genèvre où jusqu'alors il n'y avait pas encore eu d'atelier monétaire.

Cet atelier delphinal restera, d'ailleurs, toujours bien mince près de l'atelier de Suse qui fonctionne un peu plus bas dans la même vallée pour les comtes de Savoie dans les terres de leur marche en Italie et dont les produits sont si répandus. Ni les comtes de Savoie ni les comtes d'Albon ne pouvaient frapper monnaie en Viennois, au détriment de l'église de Vienne, ni en Graisivaudan au détriment de l'église de Grenoble. Dès ce même jour du 13 janvier 1155, à Rivarol, en présence de l'empereur lui-même, Berthold IV de Zaehringen, vice-roi de Bourgogne depuis 1152, cède, à Guigues X - Dauphin comte d'Albon, à charge d'hommage, tous les droits qu'il tenait de ses prédécesseurs et de l'empereur dans la ville impériale de Vienne dont la garde d'ailleurs restait confiée. pour l'empereur, à l'archevêque et au chapitre en l'absence du souverain : si le comte Guillaume de Bourgogne. petit-fils de Stéphanie, voulait s'opposer à cette cession. Berthold soutiendrait Guigues contre son opposition. Evidemment. les droits que le duc Berthold cède ainsi sur l'enceinte urbaine de Vienne au comte Guigues sont supérieurs à ceux que possèdent les héritiers du comte Gérold de Genevois : celui-ci tenait dans Vienne un fief concédé par l'archevêque Brochard, comme comte de Viennois et Berthold cède les droits impériaux qu'il détient comme vicaire de l'empereur, droits dont celui-ci ne dépouillera Berthold que deux ans plus tard, en 1157. Ces deux droits, comtal et impérial, sont donc distincts et ils se superposent sur le même terroir, comme les degrés d'une échelle.

Cependant, à la diète de Besançon, vers le 15 octobre 1157, l'empereur ayant dépouillé Berthold de sa vice-royauté, l'inféodation faite par celui-ci à Guigues-Dauphin le 13 janvier 1155 tombe en ce qui concerne toute délégation royale dans l'enceinte de Vienne. Aussitôt, l'empereur se rappelant que les archevêques de Vienne avaient été archichanceliers de l'Empire au milieu du IXe siècle, restaure cette dignité pour son royaume de Bourgogne.

L'archevêque de Vienne en devient l'archichancelier le 27 octobre 1157. De plus, l'empereur lui concède une cour de justice civile et criminelle. Il faut un prince laïque pour tenir cette cour au nom de l'archichancelier et il faut une compensation au comte d'Albon pour la perte de la concession qu'il avait reçue deux ans plus tôt. C'est lui, évidemment, qui est chargé de cet honneur.

Désormais, le Dauphin devient « comte du palais de Vienne » et on sait qu'il n'y avait pas beaucoup de comtes palatins. Chaque duché possédait le sien et il n'en possédait qu'un seul. Dans le royaume de France existaient le comte palatin de Toulouse pour le duché de Guyenne, le comte palatin de Troyes pour le duché de Bourgogne et le comte palatin de Flandre pour le duché de France. Dans le royaume de Bourgogne, le comte palatin de Vienne paraît au moment où l'empereur, devenant le maître personnel de la Franche-Comté de Bourgogne, établit la capitale du royaume de Bourgogne à Arles : là, désormais, et non pas à Vienne, il ceindra la couronne de ce royaume. Au comté palatin de Besançon s'ajoute désormais celui de Vienne.

De cette manière, les sires de Vion ne sont plus seulement princes de Graisivaudan et, de ce fait, vassaux des évêques de Grenoble, ainsi que comtes d'Albon en Viennois et, de ce fait, vassaux des archevêques de Vienne : étant, de plus, princes immédiats de l'empire tout d'abord en Briançonnais, ils deviennent maintenant les véhiers de l'archichancelier de l'empire dans l'enceinte de Vienne. Par contre, les Clérieux, en Viennois, depuis 1153, leur échappent et, de même, l'évêque de Grenoble à partir de 1161 obtient la même immédiateté que les Clérieux.

Guigues X Dauphin épouse une parente de l'empereur dont le nom, fait singulier, ne paraît pas jusqu'ici être assuré. Salvaing et Guy Allard ont dit qu'elle était Béatrix

de Montferrat fille de Guillaume Ier marquis de Montferrat
et de Judith d'Autriche. C'est assurément surprenant, car
Valbonnais a publié un précepte de Frédéric II daté d'Alba
au mois de mars 1238 concédant un péage à Béatrix, fille
de feu Guillaume II marquis de Montferrat et Dauphine
de Viennois. Par suite, Béatrix, femme de Guigues X,
serait la grand'tante de Béatrix femme d'André Dauphin.
Ce mariage d'André avec sa cousine au 6e degré n'est cependant pas impossible. Le mariage de Guigues X doit donc
avoir eu lieu au début de 1155, à la cour de l'Empereur, en
Italie, quand il y fut armé chevalier. Le marquis de Montferrat Guillaume Ier le Vieux (1126-1189) dont il reçoit
ainsi la fille Béatrix était, par sa femme Judith d'Autriche,
l'oncle de l'empereur Frédéric Barberousse, ce qui répond
bien aux traditions visées par Salvaing et par Guy Allard.
En effet, Agnès de Franconie, mère de Judith par son
second époux le marquis Luitpold (1096-1136), avait été,
par son premier époux Frédéric de Stauffen, la grand'mère
de Frédéric Barberousse.

On a déjà cité le mandement du pape Adrien IV qui confirme l'abbaye des Ayes daté du 1er mai 1155 et qui ratifie
les dons faits à cette abbaye par Guigues X : il ne nomme
pas sa femme, mais sa mère Clémence de Bourgogne. Cet
acte n'avait pas manqué d'attirer l'attention de M. Emmanuel Pilot de Thorey, archiviste-adjoint de l'Isère, en
raison de son intérêt. Le nom de Clémence existait alors
dans la Maison de Zaehringen et elle le tirait de la Maison
des comtes de Bourgogne. Berthold IV († 8 septembre 1186)
qui, en 1155, donne à Guigues X ses droits impériaux sur
Vienne était fils de Conrad († 1152) et de Clémence de Namur († 29 décembre 1159): Berthold IV avait une sœur,
nommée comme sa mère Clémence qui avait épousé
Henri le Lion, duc de Bavière et de Saxe et qui se
séparera de lui en 1162. Clémence de Namur, mère de
Berthold IV était elle -même fille de Godefroy, comte
de Namur et de Clémence de Bourgogne : cette Clémence
de Bourgogne étant fille de Guillaume Ier « Tête-
Hardie » et de Stéphanie, il en résulte que Berthold IV

et Guigues X, en 1155, sont cousins au sixième degré.

Guigues X meurt le 29 juillet 1162 au château de Vizille : il est inhumé dans le cloître de la cathédrale Notre-Dame de Grenoble. Le nécrologe de Saint-Robert ne l'oublie pas.

Sa femme Béatrix de Montferrat paraît avoir vécu comme lui sous l'autorité de sa mère Clémence-Marguerite de Bourgogne, dont la vie dominante a été, en conséquence, écrite par un témoin assez proche d'elle.

Aucun acte dauphinois ne porte la souscription de Béatrix : à la mort de Guigues X, elle quitta le Dauphiné pour regagner l'Italie où elle se remarie avec le comte Henri del Carretto.

Quant à la mère de Guigues X, Marguerite de Bourgogne, elle mourut, d'après le nécrologe de Saint-Robert de Cornillon, le 26 janvier ou le VII des calendes de février : sa pierre tombale, dans le prieuré des Ayes où elle fut inhumée, donnait le VI des ides de février 1163. Les calendes ont pu être confondues avec les ides par l'auteur du nécrologe et c'est la date du 8 février qui est exacte, car elle est donnée également par le biographe. A la veille de sa mort la comtesse douairière pouvait se donner un témoignage que l'auteur de sa vie n'a pas manqué fort justement de recueillir : « per viginti et unum annum a tempore obitus viri sui, se nullum virilem expertam fuisse amplexum testando perhibuit ».

*
**

Le seul enfant de Guigues X et de Béatrix de Montferrat est Béatrix, née vers 1155 : elle se marie trois fois.

Tout d'abord, *parvula*, en 1163, avec Albéric Taillefer, fils de Raymond V, duc de Narbonne, comte de Toulouse, marquis de Provence et de Constance. On connait un acte où, par suite, Raymond V ajoute à ses titres habituels celui de seigneur du comté de Graisivaudan, *dominus Gracianopolitani comitatus*. Le jeudi 11 octobre 1179, Taillefer, de ce fait, s'intitule comte de Vienne et d'Albon : de même en 1183. Taillefer étant, malgré son surnom redoutable, mort sans enfants, quand il n'était plus un enfant, Béatrix se remarie de suite et sans regret à Saint-Gilles, en 1183, avec Hugues III, duc de Bourgogne (1162-1192) séparé d'Alix de Lorraine. Ces deux nouveaux époux cherchaient, l'un au nord ce que le midi lui avait refusé, l'autre au midi, sur le sol du royaume de Bourgogne, un supplément fort appréciable à la grandeur qu'il tirait déjà du royaume de France. C'est la petite chronique de Saint-Rénigne, de Dijon, qui précise cet événement.

Ce prince capétien qui devient le second mari de Béatrix et qui, par elle, domine l'Isère, s'intitule donc, en 1186, duc de Bourgogne et comte d'Albon. Le père Pierre-François Chifflet a publié en 1656, son sceau dont le revers présente l'enceinte du palais de Vienne avec la légende SIGILLUM HUGONIS COMITIS ALBONII. Hugues meurt à Tyr au mois de septembre 1192, laissant de Béatrix un fils, Dauphin-André, comte d'Albon et du palais de Vienne " avec deux filles, Mahaud qui sera la première femme de Jean Ier le Sage, comte de Châlon et de Bourgogne († 30 septembre 1267), Marguerite qui sera la première femme d'Amédée IV comte de Savoie († 13 juillet 1253).

Béatrix, comtesse d'Albon et duchesse de Bourgogne, se remarie finalement avec un simple baron, Hugues de Coligny, fils de Humbert II († 1190) et d'Ide de Vienne. Ce dernier époux prend part à la croisade de Constantinople et meurt le 2 septembre 1205 après avoir donné encore deux filles à Béatrix. L'aînée, Béatrix, dame de Malleval et de Rochechaune devient la femme, avant 1225, d'Albert III sire de la Tour-du-Pin. La seconde, Marie, dame de Varey, devient la femme de Rodolphe Ier comte de Genevois : elle ne mourra qu'après 1285. Le président de Valbonnais en ajoute une troisième.

Le troubadour Albertet[45] prétendait fuir l'amour : quand il fut au service du marquis Conrado de Malaspinà, il chanta pourtant les beaux yeux ou les qualités diverses de toutes les femmes dont son maître était le parent.

> D'amor no chant ni vole aver amia.

Voilà le principe du poète, puis il énumère toutes celles qu'il devrait éviter et l'on pense bien que, cependant, il ne les perd pas de vue :

> De Salu[ci]a non voil qc N'Agnexina
> Mi retenga per son entendedor
> N'es contessa Biatris sa cossina
> De Vianes c'om ten per la meior.

Et, en effet, si la mère de Béatrix de Viennois († 16 décembre 1228) a bien été Béatrix fille du marquis de Montferrat Guillaume I[er] le Vieux, comme Alix sœur de celle-ci avait épousé le marquis de Saluces Manfred dont on peut supposer que cette petite Agnès était fille, *Biatris de Vianes* et *N'Agnexina de Salucia* sont cousines germaines.

Il s'agit ensuite de « Na Alais de castelle de Massa.... fresca e grassa », pareille à « rosa novella » et dont les « bels oilz lanson cairel. »

Il s'agit aussi de « la pros contessa, cil dal Caret q'es de P[or]tz segnoressa ». Puis il conclut :

> E son fillas de Conrat mon seingnor.

Dans une autre pièce le poète vante Guielms Malaspines. Ce Guillelmo était fils de Moruello marquis de Malaspina; sa sœur « Na Alais » avait épousé Guillelmo Sarraceno marquis de Parodi et en partie de Massa, connu depuis 1166, podestat de Tortone en 1194, qui meurt en 1199. Ce marquis Guillelmo a pour fils Muruello († 1196) et pour petit-fils Andrea il Bianco, marquis de Massa, de Parodi et de Corse (1196-1233).

La mère de Guillelmo Sarraceno, Mahaud de Montferrat, fille du marquis Rainero, était la sœur du marquis de

Montferrat Guillelmo le Vieux (1166). Albertet nomme la fille de celui-ci, Béatrix, femme du comte Henri del Carretto et veuve de Guigues X.

D'autre part, Guillelmo marquis de Malaspina, frère de Na Alais, par son père Moruello, était le cousin germain du seigneur d'Albertet, c'est-à-dire du marquis Conrado : en effet, Opizzo père de Conrado et Moruello père de Guillelmo étaient frères et, comme Benedetto fils de Conrado avait épousé précisément une fille du marquis Guillelmo del Bosco et de Marie d'Albon, on voit comment la comtesse de Viennois Béatrix fille de Guigues X « qu'on tient pour la meilleure » était, de plus, la cousine des filles de Conrado. Elle était parente au quatrième degré de la femme de Benedetto.

Béatrix d'Albon meurt enfin le 16 décembre 1228 : voilà tarie la force de la race des comtes d'Albon. L'épée manque, mais les quenouilles ne manquent pas et elles filent avec diligence. Aussi de nouvelles épées viendront-elles leur tailler encore toute la laine nécessaire à leur fuseau.

*
* *

Telle est la charpente de cette première Maison des comtes d'Albon qui, pendant trois siècles, ne cessa de s'élever : partie de fort bas elle avait déjà jeté les bases du Dauphiné quand elle défaillit. Elle eut moins de bonheur que sa voisine la Maison de Savoie dont les longues destinées, parties d'ailleurs de moins bas, devaient être si continues et si hautes, telles qu'au bout de dix siècles, de nos jours, devenues étrangères à leur point de départ, elles grandissent encore. Elle eut cependant plus de durée que son autre voisine, la Maison de Provence et, ainsi, celle-ci, dès le XIe siècle, avait, par ses filles, appelé la Marche d'Espagne à dominer de l'Èbre aux Alpes. En ce temps-là, il est vrai que la France dépassait les Pyrénées orientales et dominait elle-même la marche d'Espagne : le Francoli qui tombe dans la mer à l'ouest et près de Tarragone marque encore maintenant cette frontière de la vieille France. Au lieu de se tourner vers l'Italie, c'est-à-dire vers l'empire, la Provence penchait donc vers la France, même en regardant les Pyrénées.

La Maison d'Albon, elle, ne cherche cependant pas ses successeurs si loin et, bientôt, les Dauphinois trouveront encore, grâce aux sires de la Tour-du-Pin, des Viennois pour achever leur grandeur, jusqu'au moment où, finalement, leurs yeux se porteront vers la France moderne dont ils voudront orner la couronne, déjà resplendissante, d'un joyau particulièrement précieux, puisque l'héritier de ce beau royaume s'en est paré jusqu'à nos jours.

Le pays de Dauphiné n'a pas cessé d'être ce qu'il était et il a su, quand il fallait changer, se grouper selon ses affinités naturelles les plus proches : il a donc su mener à bien ses destinées.

Paris, 1er août 1894-26 janvier 1895.

Manteyer, 5-15 janvier 1923.

MANTEYER.

NOTES

[1] *Georges de Manteyer.* Les origines de la Maison de Savoie en Bourgogne (910-1060. Rome, impr. Ph. Cuggiani, 1899, in-8° de 284 pp. et 2 pl. hors texte. — Notes additionnelles. Paris, Em. Bouillon, 1901, in-8° de 208 pp. — La paix en Viennois (Anse [17 juin ?] 1025) et les additions à la Bible de Vienne (ms. Bern. A. 9). Grenoble, impr. Maisonville, 1904, in-8° de 192 pp. — D'où vient la Maison de Savoie (*Journal des Débats*, lundi 19 octobre 1913). — Manassès comte de Chaunois et Garnier comte de Troiesin, leur origine carolingienne commune indiquée par les transmissions de Jully-lès-Buxy. Gap, impr. L. Jean et Peyrot, 1925, in-8° de 16 pp.

Georges de Manteyer. La Provence du premier au douzième siècle. Paris, Picard, 1908, in-8° de 527 pp. et 1 pl. hors texte. Les tables de cet ouvrage, composées de 11.864 fiches, sont sous presse : les 7 premières feuilles en sont tirées (pp. 529-640), les onze suivantes sont en pages (pp. 641-816), le surplus forme 161 placards.

[2] La Provence du Ier au XIIe siècle, p. 15.

[3] *Ibidem,* p. 150.

[4] [Octobre 933-octob. 934] (*Alexandre Bruel*. Recueil des chartes de l'abbaye de Cluny ; n° 415). — Samedi [5, 12, 19, 26] janvier [956] (Cart. Saint-Barnard, 2e éd., n° 26). — Mercredi [7, 14, 21, 28] mai [956] (*Ibid.*, n° 27).

[5] *Franz Stark.* Die Kosenamen der Germanen, Vienne, 1868 et *Sitzungsberichte* de l'Académie de Vienne, t. LII, 1866, pp. 257-346. — *Ferdinand Lot*, La mesnie Hellequin : *Romania* 1903, p. 426.

[6] La Provence du Ier au XIIe siècle, pp. 95-101.

[7] Octobre 957 (Cluny, 1039). — [987-996] (Cluny, 1762). Voir, pour leurs enfants, Cluny : n° 1044, 1179, 1418, 1456, 1218, 1376, 1774, 1933, 2001, 2005, 2266, 2269, 2402, 2831.

[8] Cluny, 2798.

[9] Dom *Joseph Vaissette* et Dom *Claude de Vic*. Histoire générale de Languedoc, 2e édition. Toulouse, Privat, t. V, n° 107, col. 233-234. — La Provence du Ier au XIIe siècle, p. 123, note 2.

[10] Mardi [4, 11, 18, 25] février 889 (*Ulysse Chevalier*. Cartulaire de Saint-Barnard de Romans. Nouvelle édition. Valence, 1897, n° 4).

[11] 20 avril 873 (*Ulysse Chevalier*. Description du cartulaire de Saint-Maurice de Vienne. Valence, 1891, n° 48 : *Stéphani Baluzii*. Capitularia regum Francorum. Parisiis, MDCLXXVII, T. II, coll. 1493-1495. n° CI). — Vienne, 15 juin 843 (Saint-Maurice, n° 158 : St-André le Bas, App. n° 3). — Vienne, 3 avril 844 (*Baluze*. Capit. t. II, co. 1443-1444). — Thionville, 11 novembre 848 (St-Maurice, n° 8 : *Baluze*. Capit. t. II, col. 1458). — Vienne, vendredi [4, 11, 18, 25]

80

avril 889 (St-Maurice, n° 54 : St-André le Bas, App. 110). — Vienne,
4 avril [895] (St-Maurice, n° 52 : St-André le Bas. App. n° 10).

[12] 30 mars [943-953 ?] (*Auguste Bernard*. Cartulaire de l'abbaye de
Savigny. Paris, 1853, n° 61).

[13] [942-954] (Cluny, n° 588).

[14] 7 septembre [996] (Cartulaire de Saint-Maurice, n° 112:
Ulysse Chevalier. Cartulaire de Saint-André-le-Bas de Vienne,
Vienne, 1869, Appendix, n° 37).

[15] Cartulaire de Saint-André, n° 67.

[16] Cluny, n° 2798.

[17] [7 septembre - 18 octobre] 99[6] (Cluny, n° 2307).

[18] Sion, 6 juin 1009 (Cartulaire delphinal, f° ij : Bibl. nat. Ms. lat.
9908 ; *Ul. Chevalier*. Cart. de Saint-André, appendix, n° 38). —
[19 juin] 1012 (*Ul. Chevalier*. Cartulaire de Saint-Chaffre du
Monastier. Montbéliard, 1891, n° 355). — 27 février [1016] (*Jules
Marion*. Cartulaires de l'église de Grenoble. Paris 1869, A. XXXIII).
— Au sujet du second mariage de Frédéburge avec Arnoux, fils de
Feraud (de Vaison ?), voir le cartulaire de Domène, n° 27 et
G. de Manteyer. La Provence, p. 360, note 3.

[19] Cart. de Saint-André n° 12, 123, 175.

[20] Cluny, n° 1094 et 1122.

[21] Strasbourg, [11 septembre ?] 1016 (*Thietmari* episcopi Merse-
burgensis Chronicon lib. VII, cap. 20 et 21 : *Monumenta* Germaniae
historica. Scriptorum t. III. Hannoverae, 1839, p. 845).

[22] Vienne, mercredi 3 novembre [1036] (Archives des Bouches-
du-Rhône : H. Saint-Victor, liasse 15. — *Martène* et *Durand*.
Veterum scriptorum amplissima collectio. Parisiis, Montalent, 1724,
t. I, coll. 402-404).

[23] [Avant le 19 octobre 993] (Cart. de Grenoble, p. 264). — Saint-
Romain d'Anset [19 octobre 994 - 24 mars 995] (Cluny, n° 2255).
7 septembre [996] (Saint-Maurice, n° 112). — [7 septembre-
18 octobre] 99[6] (Cluny, n° 2307). — Jeudi [6, 13, 20, 27] novembre
1001 (Saint-André, n° 179). — *Sion*, 6 juin 1009 (Cartul. dephinal,
f° ij: Saint-André, Append. n° 38). — [19 juin] 1012 (Saint-
Chaffre, n° 355). — 27 février [1016] (Grenoble: A. XXXIII). —
Anse, 1025 (*M.-C. Ragut*. Cartulaire de Saint-Vincent de Mâcon.
Mâcon, Protat, 1864, n° DXVIII). — 26 mars 1027 (Cluny, n° 2798).

[24] 22 octobre 1030 (Cluny, n° 2789). — [1025-19 août 1031]
(Saint-Pierre de Vienne: *Ul. Chevalier*. Description de Saint-
Maurice, Append. L). — Jeudi [20] août [1034] (Saint-Chaffre,
n° 356). — 2 octobre 1037 (Saint-Barnard, 2e éd., n° 79).

[25] [22 février 1049 - 10 mai 1070] (Cluny, n° 3652).

[26] *Florentii* Wigorniensis Chronicon (*Monumenta* historica britan-
nica Londres, 1848, pp. 596-597).

[27] Fils de Humbert Ier et d'Ameldis (967-998), Guichard et sa
femme Alix paraissent dans les chartes de Cluny n° 1774, 1933,

2001, 2266, 2269, 2728 et 2040, depuis 992 jusqu'en 1020. Le frère aîné de Guichard parait dès 967 (Cluny, n° 1218).

[26] *G. de Manteyer.* La paix en Viennois. Grenoble, Maisonville, 1904, pp. [60]-[63].

[29] La Provence du Ier XIIe siècle, pp. 182-184.

Actes relatifs à Guigues VI :

6 juin 1009 (Cart. delph., f° ij : St-André, Append. 38). — [19 juin] 1012 (Saint-Chaffre, n° 355). — 20 juin [1012 ?] (Grenoble : B. CXVIII). — Rome, 26 mars 1027 (Cluny, n° 2798). — [1027 ?] ([Mr *de Monteynard*]. Cartulare monasterii beatorum Petri et Pauli de Domina. Lugduni, excudebat Ludovicus Perrin, 1859, pp. 31-32, n° 27; p. 41, n° 37. La date de ces deux actes doit être la même que celle du n° 61 fait comme eux en faveur de l'abbé de Cluny Odilon, mais où le comte ne parait pas). — Jeudi [20] août [1034] (Sant-Chaffre, n° 356). — Lundi [18] novembre [1034] (Grenoble, A. XV) [22 février 1049 - 10 mai 1070] (Cluny, n° 3652). — Grenoble, vendredi [27] avril 1050 (Saint-Pierre : *Chorier.* Estat de Dauphiné, t. II, pp. 362-366). — Rome, 3 mai 1050 (Saint-Barnard, 2e éd. n° 92 et 93. — Romans, mercredi 27 janvier 1052/3 (Saint-Barnard, 2e éd. n° 104). Mercredi 13 octobre [1053] (et non pas 1064), 28e jour de la lune [en réalité 26e] (Saint-Barnard, 2e éd., n° 133). — 1053 (Ulciensis ecclesiæ chartarium. Augustæ Taurinorum, MDCCLIII, n° 152). — [1060-1070] (Ibidem, n° 243). — Cluny, 22 avril [1060-1070 ,Necrologium Sancti Mauricii Viennensis : *Nicolas Chorier.* Histoire générale de Dauphiné. Grenoble, MDCLXI, p. 796. — Necrologium Sancti Roberti Cornilionis : *C.-U.-J. Chevalier.* Académie Delphinale. Documents inédits relatifs au Dauphiné, 2e vol. Grenoble, 1868, 4e livr. p. 19, n° 112. — Vita sanctissimi patris Hugonis abbatis Cluniacensis ab Hildeberto Cenomanensi episcopo conscripta : *Martinus Marrier.* Bibliotheca Cluniacensis. Lutetiæ, 1614, coll. 432-433. — Miraculorum quorumdam sancti Ugonis abbatis relatio: *Ibidem,* col. 459. — Cronicon Cluniacense Rev[mi]. patris Domni Jacobi de Ambasia Cluniacensis abbatis jussu conscriptum a R. P. Francisco de Rivo priore majori coenobii Cluniacensis: *Ibidem,* coll. 1642-1643, 1647).

Actes relatifs à Guigues VII :

10 mai 1070 (Arch. des Bouches-du-Rhône : B. 276). — 1073 (Oulx. n°s 201, 226 1 cf. n°s 110, 241). — Barcelone, 16 mai 1076 (*P. de Bofarull,* Los condes de Barcelona, t. II, p. 43. — Grenoble, 12 août 1076 (Oulx, n° 242). — Cornillon [1076-1079] (Arch. de l'Isère. B. *Tituli.* Ul. Chevalier St-André Append. n° 123). — [1057-1076]. (Grenoble A. XXXIII souscription confirmative). — [1057-1079] (Oulx, 174). — [1070-1079] (Domène, n° 220. — 19 janvier [1079 ?] (Néclol. Sancti Roberti Cornilionis, p. 3, n° 19). — Pour sa première femme Pétronille : Chalais, n° 17. Pour sa deuxième femme Agnès: 1094 (St-Chaffre, n° 352). — Pour Ray-

mond Berenger de Barcelone, voir D. Prospero de Bofaruil y
Mascaro, Los Condes de Barcelona vindicados. Barcelona. J. Oliveres
y Monmany, 1836, t. II, pp. 1-105. — Le contrat de mariage singulier de 1055 est dans Baluze (Capit. reg. Franc., t. II, 1677, col. 1551).

Actes relatifs à l'Evêque de Grenoble Artaud: Romans, 2 octobre 1037 (Saint-Barnard, 2ᵉ éd., n° 79). — [1034-1042] (Grenoble:
A. XXXIV). — Besançon, 26 mars 1044 (*F.-I. Dunod.* Hist. de
l'église de Besançon, t. I, Besançon, 1750, Pr. pp. XLV-L). — Chalais, 13 février 1056 (St-Barnard, 2ᵉ éd. n° 108). — Vienne, 23
août 1057 (Grenoble, B. XX). — 10 août [1058] (Domène, n° 1). —
14 mars (Necr. de Talloires : *Neues* Archiv 1885, pp. 102-103).

[20] 1096 : W. comes Forensis volens cum aliis Christianjs.... contra
Paganos ire (*La Mure.* Histoire des comtes de Forez, nouv. éd.,
t. III, p. 20, n° 23). — 1097 : Humbertus nobilissimus comes atque
marchisius ultra mare proficiscens (*Guichenon*, Histoire de la Maison
de Savoie, t. IV, pr. p. 27. Chartes de Cluny, n° 3727). — 1097 :
Isuardus de Musone (*Anonymi* Gesta Francorum, cap. III, 2 :
Heinirch Hagenmeyer. Anonymi Gesta Francorum et aliorum
Hierosolymitanorum. Mit Erlauterungen. Heidelberg, 1890, p. 137).
— 1097 : Isuardus comes Diensis... Raimbaldus comes Aurasi-
censis... (*Guillelmi* Tyrensis archiepiscopi Historia rerum in partibus
transmarinis gestarum libri XXIII, 1095-1184 : *Recueil* des historiens des croisades. Historiens occidentaux, t. I, Paris, 1841, pp. 45,
96 et pp. 265,352). Isoard de Mison, vicomte de Gap et comte de
Diois, vassal du marquis de Provence, était naturellement suivi de
chevaliers qui dépendaient de ses terres. On note Féraud de Thoard
et le gapençais Pierre d'Abon, qui emprunta pour son voyage 120
sous, « cumque Petrus Abo Jherosolimam pergeret, onorem qui sibi
ex parte patris acciderat Bertranno Borelli in vadimonio posuit
centum XX solidis ». Rentrant à Gap riche de souvenirs et les
poches vides, il se donna lui-même et ses biens immeubles, peu
avant le jeudi 29 juin 1111, à la maison de Saint-Martin de Gap
où étaient établis les Hospitaliers de Saint-Jean de Jérusalem. Le
comte de Provence reçut un cheval noir pour ratifier cet acte
(*P. Guillaume.* Origine des chevaliers de Malte et rôle des donations
de la commanderie de Gap, Paris, Picard, 1881, pp. 17, n° 10, 16,
n° 9, 22, n° 22, 18, n° 15). Le vicomte de Gap, Isoard, a joué dans
la première croisade, un rôle très considérable par son influence
morale, au témoignage de l'historien Raymond *de Aguilla* (de la
Caille ?) chanoine du Puy, qui était de Beaucaire : « erat enim
Ysoardus comes Diensis vir, in quantum noverat, Deo fidelis et
omnibus nobis sapientia et probitate utilis (*Raymundis de Aguilla*
Historia Francorum qui ceperunt Jerusalem : *Migne.* Patrologie
latine, t. CLV, col. 648). On connaît les apparitions célestes de
l'apôtre saint André qui, pour ranimer le courage abattu de
l'armée et mettre fin aux calculs hésitants de ses chefs, se mani-
festèrent si opportunément depuis le 10 juin 1098 jusqu'au vendredi

saint 8 avril 1099, au paysan provençal Pierre Barthélemy, serviteur du prêtre Guilhem Pierre. L'apôtre lui fit trouver, enterrée dans l'église Saint-Pierre d'Antioche, une relique insigne : la lance elle-même dont le Christ avait été percé sur la croix. Ce prodige, qui laissait les Normands et même les Auvergnats sceptiques, amena cependant, grâce à la foi sincère des Méridionaux ainsi exaltée, les deux événements essentiels d'où sortit le succès final de la croisade, c'est-à-dire la victoire inespérée d'Antioche contre les Turcs de Kerboga, le 28 juin 1098 peu après l'invention de la lance obtenue le 15 juin, puis le serment prêté, le 5 novembre 1098, par le marquis de Provence, sur la lance, de laisser Antioche aux Normands et de reprendre la marche sur Jérusalem comme chef suprême, malgré l'opposition violente des autres princes qui préféraient s'arrêter sur leurs premières conquêtes. (*Ferdinand Chalandon. Histoire de la première croisade. Paris, Auguste Picard, 1925, pp. 209-263*). Ces visions en suscitèrent d'autres, mais ce sont elles qui ont déterminé l'essentiel et ce rôle que joua Pierre Barthélemy lui coûta, d'ailleurs, la vie. Le prêtre qu'il servait devait, comme lui, être Provençal : son nom semble se perpétuer dans la rue Guilhempierre encore subsistante maintenant à Manosque (Basses Alpes). Ce qu'il faut remarquer, c'est que ce prêtre était le vassal d'Isoard de Mison. Raymond *de Aguilla* ne manque pas de le noter : saint André avertit le visionnaire, selon son récit, que s'il ne tenait pas compte de ses avis, « esset sibi grave damnum et domino suo Ysoardo comiti » (*Migne*, t. CLV, col. 648). Sur quoi, le prêtre se rend auprès du comte Isoard son seigneur et de Guillaume Hugues, frère du légat, Adémar, évêque du Puy : un conseil des princes et de tout le peuple se rassemble devant eux (*Ibidem*, col. 655). De là à penser que le vicomte de Gap, « cet homme fidèle à Dieu, si utile aux Croisés par sa sagesse et sa probité » a été, sinon l'inspirateur, du moins le soutien éclairé des sentiments que manifestaient ainsi les gens de sa suite, il n'y a qu'un pas. On peut se demander pourquoi ses gens se sont trouvés voir saint André plutôt que saint Pierre ou tout autre apôtre. C'est que, sans doute, dès lors, saint André se trouvait vénéré particulièrement dans le pays de Pierre Barthélemy. Précisément, en Gapençais, une église fort importante était vouée à saint André. Il s'agit du prieuré de Saint-André de Rosans, fondé le 19 avril 988 par le clerc Richaud, sous le domaine de Cluny, et dont l'influence s'étendait sur tout le Rosanais jusqu'à Serres. Le paysan inspiré qui a décidé du sort de Jérusalem, Pierre Barthélemy, devait connaître Saint-André de Rosans. Le marquis de Provence qui, suzerain de son seigneur le vicomte Isoard, a reçu la lance divine, s'est vu consacré, par ce fait comme le chef suprême de la Croisade. Il exprime ce titre à Tripoli le 17 janvier 1103, en présence de Guillaume comte d'Auvergne, de Bernard, vicomte de Béziers, de

Bérenger de Narbonne, de Guillaume Hugues de Montélimar, de
Pierre, évêque de Glandèves et d'un Guillaume Pierre qui pourrait
bien être précisément le vassal du vicomte Isoard : « ego Raimundus, gracia Dei, Sancti Egidii comes et Provincie marchio, princes
autem, Deo auxiliante, milicie christiane in Jerosolimitano itinere »
(*Guérard*. Cartulaire de Saint-Victor de Marseille. Paris, 1857,
n° 802). Commandant de XIe corps de l'armée, Isoard de Mison,
vicomte de Gapençais, entre le 5 juillet 1099 dans Jérusalem aux
côtés de son suzerain le marquis de Provence : l'investiture du
comté de Diois, qui lui est accordée sur ces entrefaites par le
marquis, est évidemment la récompense de l'aide morale si puissante et si efficace qu'il venait de lui prêter pour obtenir le
triomphe final. Au milieu de l'anarchie générale et de l'inertie
intéressée des chefs, Isoard avait su imposer une direction heureuse sous le couvert du ciel, au moment où le légat défaillant
allait mourir en route (Antioche, 1er août 1098). Ce légat, l'évêque
du Puy Adémar, avait été choisi par le pape Urbain II au concile
de Clermont, le 27 novembre 1095, pour diriger la croisade : ses
deux frères Guillaume Hugues de Montélimar et Lambert François
de Royans l'y accompagnent. Dès le 18 novembre 1096, à Clermont, Guillaume Hugues se prépare à partir : il abandonne ce
qu'il possède à Cléon d'Andran, dans la Drôme, pour 30 sous de
deniers valentinois, tandis que son frère l'évêque Adémar reçoit une
somme de 50 sous avec une bonne mule. Cette mule allait faire
un long voyage et porter un cavalier consommé (Cartulaire de
Saint-Chaffre, p. 139, n° 397). Le 17 janvier 1103, on l'a vu,
Guillaume Hugues est encore en Palestine. Quant à Lambert François, retenu par ses affaires à régler avec Guillaume de Clérieu
et avec Saint-Barnard de Romans il les termine seulement le
4 novembre 1097 (*Giraud*. Cartulaire de Saint-Barnard, n° 169). Le
jour de son départ pour la Terre-Sainte, il se rend à Romans
« cum omni fere comitatu et cum multa suorum militum multi-
tudine (*Ibidem,* n° 210) : le 12 mai 1100, il est de retour (*Ibidem,*
n° 172). Tous trois, l'évêque du Puy Adémar, Guillaume Hugues
de Montélimar et Lambert François de Royans étaient fils du comte
de Valentinois Hugues (1037 † av. 1086) : par leur mère *Abaldisia*,
fille du prince Royannais Ismidon et nièce de l'évêque de Grenoble
Artaud (2 octobre 1037-1057), ils sont les parents rapprochés des
comtes d'Albon. Leur mère, encore vivante le 20 août 1108 (Saint-
Barnard, 1e éd., n° 155), était la cousine germaine de Guigues VIII, car
Pétronille de Royannais, était la propre sœur du prince de Royannais
Ismidon, père d'*Abaldisia*.

[21] Analecta juris pontificii, t. V. 2e partie, 1869, col. 570, Saint-
Chaffre, n° 401.

[22] Gregorii presbyteri ad D[idacum] Sancti Jacobi ecclesie episcopum libri canonum, lib. sextus : De exteriori fornicatione (Bibl. du

Vatican : Ms. Vat. lat. 1354, ff^os 140 v°-141 r°). — **Diego Gelmirez** a été évêque (1er juillet 1100-1121) puis archevêque de Compostelle (1121 † après le 17 avril 1139). Le prêtre espagnol Grégoire, connu comme canoniste, vivait à Rome en 1119.

Actes relatifs à Guigues VIII :

[1057-1079] (Oulx, n° 174). — 1079 (Cluny, n° 3542). — 1094 (Grenoble : B. VII). — [1080-16mars 1095] Cluny, n° 3794). — 29 novembre 1095 (Grenoble : A. XXIII). — [1090- 22 février 1099] (Cart. de Domène n°s 28, 86, 211, 212). — 22 février 1099 (Grenoble : B. II). — 12 mai 1100 (Saint-Barnard, 1re éd., n° 172). — Briançon. février 1101 (Oulx, n° 243). — 12 mars 1100/1 (Grenoble : B. III). — Mercredi 23 septembre 1103 (Bibl. de Carpentras : Ms. 504. *Raymond Juvénis*. Hist. du Dauphiné, t. II, pp. 268-269). — Grenoble, 22 janv. 1105 (Grenoble : A. III). — [22 janv.-25 déc.] 1105 (Oulx, n° 178. Cf. n° 227). — 1106 (Domène. n° 17). — Lyon, 29 janvier [1107] (Grenoble : A. I). — Saint-Pierre-d'Allevard, 2 août 1107 (Oulx, n° 65). — Grenoble 1107 (Domène, n°s 33, 9, 10). — Rosans, 1107 (Domène. n° 18; cf. le n° 22) — 31 octobre 1110 (Chalais. *Pilot de Thorey*, n° 1. *J.-Ch. Roman*. n° 2) — [1112 ?] (Domène, n° 19). — Gap, [30 avril] 1112/3 (*P. Guillaume*. Origine des chevaliers de Malte et rôle des donations de la commanderie de Gap. Paris, Alph. Picard, 1881. p. 23, n° 25). — 5 septembre 1116 (Grenoble : C. 81). — 13 juillet 1119 (Grenoble : C. 82). — Le Latran, 20 mars 1124/5 (Chalais, 1re éd. n° 5. 2e éd. n° 5). — 1128 (Oulx, n° 227). — 30 janvier 1131/2 (*Marquis d'Albon*. Cartulaire général de l'ordre du Temple, 1913, p. 32, n° XLIII). — [1116-1133] (Domène. n° 84). — [1117-1133] (Bonnevaux, n°s 228, 429). — 21 décembre [1132-1133] (Nécr. de Saint-Robert de Cornillon, p. 59, n° 355). — Pour la reine Mahaud, voir de plus : 1106 (Chalais. Ed. Pilot de Thorey, n° 17), Rosans [29 janvier 1107/8] (Ibid. n° 18 : c. n° 33). — [1142-1144] (Chalais, 1re éd., n° 18. 2e éd. n° 26).

Actes relatifs à Alix, sœur de Guigues VIII :

[-6 janvier 1083] (Domène, n°s 60, 87, 190, 2). — Vendredi 6 janvier [1083] (Domène, n° 194). — La Mure, [1112] (Domène, n° 19).

Aynard Ier de Domène, fondateur de ce prieuré, a épousé *Fecenna*, puis Elisabeth, enfin Alix. Il a eu, comme enfants, Aynard II, Pons Ier Aynard et Nantelme. D'Alix, il a eu Pierre.

Aynard Ier était fils de Rodolphe ou Roux. Ce Roux fils lui même, de Féraud [de Vaison ?], a été le père de Rodolphe, évêque de Gap, (7 avril 1044) de Gention, d'Aynard Ier de Domène, d'Atenoux et de Guigues de Domène (*G. de Manteyer*. La Provence, p. 360 et notes 3, 4).

[33] [1083 ?] : Soffredi militia de Alpa Ripa (Cart. de Saint-André, n° 264).

[34] *Ulysse Chevalier*. Inventaire des Archives dauphinoises de

M. Henry Morin-Pons, t. I : A.-C. Lyon, Louis Perrin, 1878, p. 279,
n° 1069 et p. 280, ns 1071.

*Actes relatifs à Guigues le Vieux, frère aîné de Guigues IX,
Dauphin :*

Mercredi 23 septembre 1103 (Bibl. de Carpentras : Ms. 504.
Raymond Juvénis. Hist. du Dauphiné, t. II, pp. 268-269). — Grenoble, 22 janvier 1105 (Grenoble : A. III).

Actes relatifs à Guigues IX :

31 octobre 1110 (Chalais. 1re éd., n° 1, 2e éd., n° 2). — Grenoble.
[21 décembre 1128-1129] (Domène, n° 13). — 30 janvier 1131/2 (*Mar-
quis d'Albon.* Cart. du Temple, 1913, p. 32, n° XLIII). — 1132 (*Salvaing.* Traité de l'usage des fiefs, 2e éd., 1668, p. 497). — [21 décembre
1128-1133] (Grenoble : C 81). — [29 avril] 1134 (Saint-Barnard. 1re
éd., n° 283). — 31 août 1134 (*Lœwenfeld.* Epistolae pontif. rom. ined.
90). — [1128-1142] (*Ulysse Chevalier.* Cartulaire de N.-D. de Bonnevaux. Grenoble, 1889, p. 95, n° 228 et pp. 163-164, App. n° 429). —
La Buissière, 28 juin [1142] (Nécrol. de Saint-Robert de Cornillon,
p. 29, n° 179). Guigues VIII a été inhumé dans le cloître de Notre-
Dame, église cathédrale de Grenoble (*Valbonnais.* Histoire du Dauphiné, t. II, p. 501, note *b*).

Le nécrologe de Saint-Robert indique également la mort des deux
frères de Guigues IX : celle de Humbert archevêque de Vienne
le 26 juin [1147] (p. 29, n° 177) et celle de Guillaume le 8 novembre
(p. 52, n° 312).

Le nécrologe de Saint-Robert mentionne enfin la mort de Marguerite de Bourgogne, veuve de Guigues IX, le 26 janvier [1163/4]
(p. 4, n° 26). Elle fut inhumée aux Ayes, le 8 février 1163/4 d'après
sa pierre tombale. Sa vie a été écrite par un chanoine de Grenoble
(*Guillelmi* canonici Gratianopolitani ; vita Margaritae, Burgundiae
comitis filiae, Guigonis Dalfini comitis Albonis conjugis : *Martene
et Durand,* veterum scriptorum amplissima collectio, t. VI, pp. 1201-
1214. — La vie de Marguerite de Bourgogne femme de Guy VIII
comte dauphin fondatrice du monastère des Hayes, ordre de Cîteaux,
décédée le 8 février 1163. Grenoble, 1670, in-12. Réédité en 1671 à
Lyon et en 1674). Au sujet de la comtesse Garcende de Forcalquier,
sœur de Guigues IX, qui épousa Guillaume, comte et marquis de
Provence, puis comte de Forcalquier, voici les références des trois
derniers actes qui la concernent : Gap, septembre 1143 (*P. Guillaume.*
Origine des chevaliers de Malte, p. 29, n° 63), 30 mai 1149, testament
de son fils le comte Guigues (Arch. munic. de Manosque : Ff. 13 et
Ka. 1), Manosque, novembre 1150 ? (Bibl. munic. de Lyon : Ms, 490,
f° 187 v°).

Quant à la comtesse Mahaud de Savoie, sœur de Guigues IX, qui
épousa Amédée III, veuf d'Alix, elle était déjà mariée le 30 mars 1143
(Cart. de Saint-Maurice en Valais : *Guichenon.* Hist. Gén. Pr. p. 34.
Domenico Carutti. Regesta comitum Sabaudiae. Torino, 1889, pp. 103-
104, n° 288).

La troisième sœur que Guigues IX a pu avoir, Béatrix, a épousé le comte de Diois Jaucerand. Fils d'Isoard de Mison, vicomte de Gapençais, croisé en 1096 et devenu comte de Diois, Jaucerand meurt avant 1149 (*Paul Guillaume*. Chartes de Durbon. Paris, Picard, 1893, pp. 42-43, n° 36), date à laquelle leur fils, Isoard, est déjà comte de Diois. Le 22 mars 1159, à Saint-Saturnin (*Chartularium* ecclesiae Beatae mariae Diensis, n° XVII : *C. U. J. Chevalier*. Académie delphinale, documents inédits relatifs au Dauphiné, 2ᵉ volume, Grenoble, 1868, 3ᵉ livr. p. 44), Raymond, duc de Narbonne, comte de Toulouse, marquis de Provence rend une sentence obligeant le comte de Diois Isoard à prêter serment de fidéité pour le château de Luc à l'évêque de Die. En 1166, à Durbon, le comte Isoard parait avec son fils Pierre Isoard dans trois chartes de donations relatives à cette chartreuse (*P. Guillaume. Ibid.* pp. 54-55, n° 51, p. 63, n° 58, p. 64, n° 50), après quoi son fils disparait sans laisser d'enfants. Le 13 janvier 1167/8, le comte Isoard : « ego Isoardus filius Jaucerandi et Beatricis » fait hommage à Pierre évêque de Die pour la cité de Die et pour le château de Luc (*Chart. eccl. Diensis.* n° VIIII ; *Chevalier. Ibid.*, pp. 28-29). Le comte Isoard meurt avant 1176 (*Guillaume. Ibid.* p. 97, n° 111) ne laissant que deux filles, héritières non pas de son comté, mais de ses châteaux. L'une d'elles, Roais, épouse avant 1176, Hugues d'Aix dont elle a Guillaume Artaud et Guigues Artaud avant 1191 (*Guillaume. Ibid.* pp. 151-152, n° 103). L'autre, Isoarde, épouse Raymond d'Agoult (1157-1203), fils de Bertrand de Mison (août 1126-1153) et de Poncie d'Agoult (1157) ; ce Bertrand de Mison est fils, lui-même, d'Isnard d'Entrevennes (août 1126). Goult se trouve dans le diocèse de Cavaillon sur la limite du diocèse d'Apt ; Mison est au diocèse de Gap et Entrevennes au diocèse de Riez. Isoarde vivait encore en décembre 1205 (*Arch.* des Bouches-du-Rhône : B. 303). Elle avait prêté hommage à l'évêque de Die Humbert (1199-1203) pour ce qu'elle tenait dans son évêché et elle meurt avant le 23 novembre 1214 (*Chart. eccl.* Diensis, n° 11, *Ul. Chevalier. Ibid.* pp. 8-10). Son mari, Raymond d'Agoult était devenu prince immédiat de l'empire par précepte donné à Montélimar le 6 août 1178 pour la baronnie de Sault au diocèse de Carpentras, sur les limites des quatre diocèses de Vaison, Gap, Sisteron et Apt. Isoarde a eu, de Raymond d'Agoult, au moins cinq enfants : Raymond d'Agoult (12 avril 1214-7 août 1223), Isnard d'Entrevennes (24 juin 1201-mars 1225), Bertrand de Mison (31 décembre 1220-mars 1225), Sacristane qui épouse Bertrand Raimbaud de Simiane (av. 8 juin 1208) et Béatrix. De là descendent les Maisons d'Agoult, d'Entrevennes, de Pontevès et de Mison..

Le comté de Diois, après la mort du comte Isoard 1168-1176, ayant passé au comte de Valentinois, Guillaume de Peytieux (1163-mai 1184) fils d'Eustache évêque de Valence, comte de Valentinois, et de Véronique de Peytieux, celui-ci, né vers 1140, épousa Béatrix sœur de Guigues X (*Martene.* Ampliss. Coll. t. VI. col. 1208) dont il eut deux fils,

Actes relatifs à Guigues X :

[1142-1143] (Chalais, 1re éd., n° 18. 2e éd., n° 26). — Rivarolo, 13 janvier 1155 (Arch. de l'Isère : B. 3162. — [*Valbonnais.*] Mémoires pour servir à l'histoire de Dauphiné sous les Dauphins de la Maison de la Tour du Pin... A Paris, chez Imbert de Bats, MDCCXI, pp. 96-97 : quatrième discours, sur les finances, preuve O). —Rivarolo, [13 janvier] 1155 ([Valbonnais.] Histoire de Dauphiné et des princes qui ont porté le nom de Dauphins, particulièrement de ceux de la troisième race... t. II. A Genève, chez l'abri & Barrillot, libraires, MDCCXXII, pp. 255-256). Ces actes précèdent de peu la destruction d'Asti faite par l'empereur le 1er février 1155 et à laquelle le Comte d'Albon a dû participer (*Carutti* Regesta Sabaudiae, p. 115, n° 313). — 1161 (Cart. de Saint-Barnard, 1re éd., n° 305. — [*Valbonnais.*] Histoire de Dauphiné, t. I, p. 180, généalogie de la Tour-du-Pin, pr. E). — Vizille, 29 juillet [1162] (Nécrol. de Saint-Robert de Cornillon, p. 34, n° 210). — Guigues X, comme son père, a été inhumé dans le cloître de la cathédrale de Grenoble (*Valbonnais*, Histoire, t. II, p. 501, note *b*).

Par deux préceptes datés de Worms le jour de la Pentecôte, 7 juin 1153, Frédéric Barberousse a élevé Silvion de Clérieu au rang de prince immédiat de l'empire (*Ulysse Chevalier.* Diplomatique de Bourgogne par Pierre de Rivaz, analyse et pièces inédites. Romans, R. Sibilat André, MDCCCXCII, pièces annexes, pp. 74-75, n° IX) en même temps qu'il confiait, à l'archevêque et au chapitre de Vienne, la garde de la cité et du palais royal de Vienne, excluant tout pouvoir laïque du domaine de ladite cité urbaine : « omnem laicalem personam a dominio supradicte urbis excludimus » ([*Valbonnais.*] Histoire de Dauphiné, t. II, p. 138, pr. du 5e discours CC).

Sur ce privilège du 7 juin 1153 a été forgé, pour les Clérieux, une pièce fausse plus explicite attribuée à Conrad III et datée du 16 septembre 1151, soi-disant de Worms ([*Valbonnais.*] Hist. t. I, p. 89, pr. du 4e discours M. — *Giraud.* Essai historique, 1re part., pr. pp. 321-322. — *Chevalier.* Diplomatique de Bourgogne, pièces annexes, pp. 73-74, n° VIII). De même le précepte authentique du 13 janvier 1155 accordé par Frédéric Barberousse à Guigues X a servi de modèle pour forger un pseudo-précepte plus étendu au point de vue monétaire et daté soi-disant du 7 juillet 1155 (*Ul. Chevalier.* Cartulaire de l'abbaye Saint-André. Appendix, pp. 292-294, n° 82). Le précepte daté de Besançon le 25 novembre 1157 qui met sous la garde immédiate de l'empire l'église et la ville de Romans est également des plus suspects : il est en contradiction avec l'intervention du comte Guigues X à Romans, quatre ans plus tard et, au lieu d'être accordé à l'abbé de Romans qui est l'archevêque de Vienne Etienne, il l'est, soi-disant au trésorier de l'église de Romans, Guillaume de Clérieu assisté de trois inconnus (*Ul. Chevalier.* Cart. de Saint-André, pp. 300-301. App. n° 85. — Diplôm. de Rivaz, p. 76, pièces annexes, n° X). Ce pseudo-précepte a dû être forgé après la mort de Guigues X, qui d'ailleurs en 1161 avait en fait reconnu la liberté de Romans défendue par ses murs bâtis malgré lui cette année-là.

Pour le précepte de 1161 qui élève l'évêque de Grenoble Geoffroy au rang de prince immédiat et qui prend son évêché sous la garde de l'empire, voir *Ulysse Chevalier*. Diplomatique de Bourgogne, pièces annexes, pp. 76-77, nᵒ XI.

L'unique document qui nomme la mère de Guigues X, Clémence est le bref du pape Adrien IV du 1ᵉʳ mai 1155 (Arch. de l'Isère, H. 624) : M. Emmanuel Pilot de Thorey a bien voulu, il y a trente ans, me signaler cette pièce qui était demeurée inconnue et, récemment, M. Louis Royer m'en a aimablement communiqué le texte.

Béatrix, sœur de Guigues X, a été femme du comte de Valentinois Guillaume († av. 1186). — Quand le comte Humbert III de Savoie alla, le 26 juin 1178, avec son beau-père Gérard de Vienne, voir saint Anthelme évêque de Belley à son lit de mort, celui-ci lui prédit qu'il aurait un fils. Le comte en parut surpris, ce qui prouve que son mariage avec Béatrix de Vienne était récent : de cette union naquit en effet le comte Thomas (*Vita sancti Anthelmi* : *Acta Sanctorum* junii, t. V, p. 336. *Dom. Carutti*, Regesta comitum Sabaudiae, p. 130. nᵒ 356). Béatrix paraît avec son fils le 12 juin 1189. (*Al. Billiet* et *Albrieux*. Chartes du diocèse de Maurienne, p. 38. *Carutti. Ibid.* pp. 137-138, nᵒ 372). On la trouve à Conflens le 31 mars 1210 (*Leo Menabrea*, dans les Mémoires de l'Académie de Savoie, 2ᵉ série, t. II, p. 281. *Carutti. Ibid.* p. 170, nᵒ 458) : elle meurt le 8 avril 1230 et se trouve inhumée à Hautecombe (*Hist. patr. Monum.* Script. t. I, col. 673. *Carutti. Ibid.* p. 191, nᵒ 714. — *Fedele Savio*. I primi conti di Savoia. Torino, Bocca, 1887, pp. 70, 75).

Marquise, autre sœur de Guigues X, a épousé Guillaume IV comte d'Auvergne, fils de Robert, dont elle eut, avant 1167 (*Justel*. Hist. d'Auvergne, livr. 4, preuves, p. 137) un fils auquel fut donné, avec le nom auvergnat coutumier de Robert, le surnom de Dauphin par sa mère. Guillaume IV ayant été dépouillé, en 1168, de son héritage presque tout entier par son oncle Guillaume, frère cadet de son père Robert, se trouva réduit à une partie de l'Auvergne autour d'Issoire qui deviendra le Dauphiné d'Auvergne, en raison du surnom maternel de son fils et héritier Robert Iᵉʳ Dauphin. Celui-ci s'est fait connaître comme troubadour († 22 mars 1234). Guillaume IV meurt dès 1170 et sa femme Marquise se retire aux Ayes où elle meurt le 21 juillet 1196.

Marquise avait eu en dot les deux châteaux de Voreppe et de Varacieu.

Le 15 août 1223, à Chalais André Dauphin, comte d'Albon et palatin de Vienne, nomme sa tante « amita mea domna Marchisia » et son cousin « Delfino de Avernia consobrino meo » ([*Valbonnais*. Histoire de Dauphiné, t. II, p. 377, pr. CXXVI, note d. Cartulaire de Chalais, 1ʳᵉ éd., nᵒ 39. 2ᵉ éd., pp. 28-29, nᵒ 100) Le 7 octobre 1225, le fils de

Marquise, Dauphin d'Auvergne, vend à son cousin, André Dauphin pour 22.000 sous de viennois les deux châteaux qui avaient formé la dot de sa mère ([*Valbonnais.*]. Hist. de Dauphiné, t. II, p. 378).

Marie, que l'on pense avoir été la troisième sœur de Guigues X, a épousé Guillaume marquis del Bosco. Son futur époux parait à Tiglieto, le 27 août 1131 avec son père le marquis Anselme, sa mère Alix et son frère Manfred (*G. B. Moriondo.* Monumenta Aquensia, Torino, 1789, t. I, p. 47. *Cornelio Desimoni.* Sulle marche d'Italia e sulle loro diramazioni in marchesati. Lettere cinque al comm. Domenico Promis. Seconda edizione accresciuta di altri studi dello stesso autore e corredata di alcune tavole genealogiche. Genova. Tip. Sordomuti. Estratto degli Atti della Società ligure di Storia patria, vol. XXVIII, fasc. I, série terza, in-8° de 338 pp. à la p. 74 et note 3. — Voir pp. 272-273 le tableau généalogique de tous les marquis descendants d'Aleramo, depuis le milieu du Xe siècle jusqu'au début du XIIIe siècle). Ce Guillaume dit Piscialora est, en 1131, encore jeune : il meurt avant le 12 août 1184, date du testament fait, à Albissola, par son fils Arduin, partant pour aller outre-mer (*Ibid.* p. 271) : à cette dernière date, Marie vivait encore. Elle avait eu au moins quatre fils et une fille de son époux, Anselme, Arduin, Azo, Delfino, Sibilia, et, comme on le voit, elle avait donné à l'un d'eux le surnom des Guigues Dauphins exactement comme le faisait en Auvergne sa sœur Marquise. Le 12 août 1184, Arduin confie à son frère Delfino la garde de ses biens : « res meas dimitto in potestate et guardia fratris mei Delfini, dum venero ». Ce marquis Delfino est connu de 1179 à 1216 : sa femme s'appelle Jeanne. Le 3 octobre 1210, à Montechiaro, les hommes de cette localité, par son ordre, jurent fidélité à ceux d'Alexandrie (*Moriondo, ibidem,* t. I, p. 160, n° 140. *Fedele Savio.* Indice del Moriondo : monumenta aquensia, disposto per ordine cronologico, Alessandria. Stab. tip. C. Jacquemod, fig'i. 1900, p. 218, n° 440 bis).

[30] *André du Chesne, Tourangeau, Géographie du Roy.* Histoire des Comtes d'Albon et Daufins de Viennois, justifiée par titres, histoires et autres bonnes preuves... A Paris, chez Sébastien Cramoisy, MDCXVIII, Preuves, p. 6.

Pierre-François Chifflet. de la Compagnie de Jésus. Lettre touchant Béatrix, comtesse de Chalon, laquelle déclare quel fut son mary, quels ses enfans, ses ancestres & ses armes, envoyée à Monsieur Lantin, conseiller du Roy et Maistre ordinaire en sa Chambre des comptes à Dijon... avec une table généalogique qui fait descendre du comte Lambert cette Princesse aussi bien que son mary. A Dijon, chez Philibert Chavange, imprimeur et marchand libraire, rue S. Jean, au Petit Jésus... MDCLVI. pp. 207 (l'épitaphe), 205-206 (22 avril 1088-1101), 191-193 (notice de Perrecy), 124 (17 juin 1147), 127 (Saint-Simon 1157), 127-128 (1169), 134 (1170), 154 (13 mai 1179).

François-Félix Chevalier. Mémoires historiques sur la ville et seigneurie de Poligny, avec des recherches relatives à l'histoire du Comté de Bourgogne et de ses anciens souverains et une collection de chartes intéressantes, t. I. A Lons-le-Saulnier, de l'imprimerie de Pierre Delhorme, imprimeur-libraire, place Cléricée, 1767, pp. 316-317, n° IX (1069).

Nicolas Chorier. Histoire générale de Dauphiné. A Grenoble, chez Philippes Charvys, libraire & imprimeur ordinaire du Roy. MDCLXI, Livre XI, chap. XI, pp. 820-821 (1088-1102).

[36] Lyon, 21 janvier 1262/3 (Arch. de l'Isère : G. 11. — *Claude Faure.* Histoire de la réunion de Vienne à la France : *Bull.* de l'Académie Delphinale, 4° série, t. XIX, 1905, p. 377, note 1). — Pérouse, 4 janvier [1266] (*Edouard Jordan.* Regeste de Clément IV, pp. 297-298, n° 760).

[37] Vienne, 18 janvier [915] (Cart. de Saint-Maurice de Vienne, n° 196 : Saint-André, App. 16). — 14 novembre 917 (Saint-Maurice, n° 101). — Janvier [938] (Cluny, n° 482). — [vers 975] (Saint-André, n° 239. — (Saint-André, n° 183). — 1000 (Saint-André, n° 182). — Novembre 1001 (Saint-André, n° 179). — (Saint-André, n° 180). — 23 novembre 1025 (Saint-Barnard, 2° éd., n° 743). — 7 janvier 1052/3 (*Ibid.*, n° 104). (*Ibid.*, n° 83). (Cluny, n° 3010). — 1086, Saint-Barnard, 2° éd., n° 197).

Lundi [4, 11, 18, 25] mai [957] (*Bullioud.* Lugdunum sacro-prophanum, Index X, p. 162). — M. C. Guigue. Obituarium eccl. Sancti Pauli Lugdunensis, p. 22). — Mars 994 (Cart. de Savigny, n° 437). — avril 995 (Cluny, n° 3292). — vers 1000 : plaid comtal (Cluny n° 2527). — (Necrol. de Tallires : *Harry Bresslau.* Aus Archiven und Bibliotheken. Neues Archiv., t. XI, pp. 102-103). — 11 février (Necr. de la primatiale de Lyon : *M. C. Guigue* et *G. Guigue*, 1902, p. 15). — mars 1010 (Cluny, n° 2673). — samedi [3, 10, 17, 24, 31] mai [1012] (Cart. d'Ainay, n° 191). — Lyon, 13 avril 1013 (*Ibid.*, n° 147). — 9 juin (*Guigues.* Obit. de l'église primatiale, 1902, p. 40). — Cluny, n° 2921). — vers 1017 (Savigny, n° 602). — 1020 (Cluny, n° 2729). — jeudi, 13 février [1029 ?] (Saint-Michel de la Cluse). — [vers 1030] (Savigny, n° 645). — Savigny, juin 1046 (Savigny, n° 730). — [vers 1049] (Cluny, n° 2980). — 5 mars (Obituaire de la primatiale, p. 19). — 10 février (*Ibid.*, p. 15). — 8 mars 1061 (Saint-Michel de la Cluse). — [vers 1075] (Savigny, n° 762). — [vers 1078] (Cluny, n° 3529). — 18 octobre (Obit. de la Primatiale, p. 82). — 14 mai 1078 (Savigny, n° 758). — 6 décembre 1079 (*Ibid.*, n° 757). — 4 avril (Obit. de Saint-Paul).

[38] *Herimanni* augiensis Chronicon. — *Wiponis* Gesta Chuonradi imperatoris. — *Wiponis* tetralogus (*H Bresslau.* Wiponis, in usum scholarum editio altera. Hannaverae, 1878 in-8°).

Sur cet archevêque de Lyon Brochard II (1031-1034) qui, en réalité fils de Humbert aux Blanches mains, était évêque d'Aoste depuis 1026 et qui mourut abbé de Saint-Maurice en Valais le 10 juin après 1067, dont le rôle est, dans ces circonstances, le contrepied de celui assumé par son père, voir : *Georges de Manteyer.* Les origines de la maison de Savoie La paix en Viennois. Grenoble, 1904, p. 53.

Le couronnement fait à Genève le 1ᵉʳ août 1034 est attesté par les Annales de Saint-Gall (*Monum. G rm. hist.*, t. XI, p. 83) : « Chuonradus... Genevam... pervenit : ibi vero... in festivitate sancti Petri ad vincula coronatus producitur. » 2e 1ᵉʳ août était précisément le jour de la fête de la cathédrale de Genève.

³⁰ *Léonce Lex.* Eudes, comte de Blois, de Tours, de Chartres, de Troyes et de Meaux (995-1037) et Thibaud son frère (995-1004). Troyes, *Dufour-Bouquot*, 1892, pp. 20-21, 28-29, 155-157, 165-169. 53.

⁴⁰ *Georges de Manteyer.* Les Origines de la Maison de Savoie. Rome, 1899, pp. 108-123.

⁴¹ *S. Guichenon.* Bibliotheca Sebusiana. Lugduni, G. Barbier, MDCLX, pp. 88-91 : centuria I. n° XL.

⁴² *Ed. Secretan.* Notice sur l'origine de Gérold, comte de Genève (*Mémoires* et documents publiés par la Société d'histoire et d'archéologie de Genève, tome seizième. Genève, J. Jullien. Paris, A. Allouard, 1867, pp. 201-303).

⁴³ Tiglieto, 27 août 1131 (*Moriondo.* Monumenta aquensia, t. 3, p. 37, n° 36). — 2 août 1152 (Ibidem, t. I, p. 58, n° 44). — 12 août 1184 (Arch. de Savone : Libro a catena, t. I, f° 22. *C. Desimoni*, p. 271). — *Acon*, 15 mars 1185 (*Desimoni*, p. 271). — *Montechiaro*, 3 octobre 1210 (*Moriondo*, t. I, p. 160, n° 140).

⁴⁴ Le duc de Bourgogne Hugues III (1162-1192) a eu, de sa première femme Alix de Lorraine, deux fils: Eudes III qui sera duc de Bourgogne après lui (1192-1218) et Alexandre sire de Montagu. Il a eu, de sa seconde femme Béatrix d'Albon, un seul fils André-Dauphin. Alexandre et André sont des noms étrangers à la Maison de Bourgogne. Pour Alexandre, ce nom doit avoir été imposé sous l'influence du pape Alexandre III (7 septembre 1159-30 août 1181) qui vint en France de 1162 à 1165. Quant à André, il n'a guère eu, à cette époque, que trois ou quatre souverains connus ayant porté ce nom : ce sont, en remontant, André II le Jérosolymitain, duc de Dalmatie et de Croatie (1200), roi de Hongrie (1205), mort le 7 mars 1235, saint André Iᵉʳ Jouriéwitch, grand-prince de Wladimir (1157), né en 1110 à Susdal et mort à Bogoljubow le 29 juin 1174, André 1ᵉʳ roi de Hongrie (1046-1060). Il faut y ajouter le marquis de Massa et de Parodi André (1196-1233) fils de Moruello, petit-fils du marquis de Parodi Guillaume le Sarrasin (1166-1199). Evidemment, ce nom d'André se trouvait porté dans le duché de Bourgogne dès le milieu du XIIᵉ siècle : mais, il l'est en dehors de la Maison ducale. Vers 1145, l'abbaye de Longuay, par l'entremise de saint Bernard abbé de Clervaux, reçoit un don en présence du duc Eudes II († septembre 1162) et d'André de Montbard : « Andreas de Montebarro » (*Ernest Petit.* Histoire des ducs de Bourgogne de la race capétienne, t. II, Dijon, Lamarche, 1888, p. 236, n° 292). Ce n'est pas l'existence de ce simple baron bourguignon qui peut expliquer la naissance simultanée des trois princes de ce nom, André-Dauphin fils du duc de Bourgogne Hugues III († 25

août 1192) en 1184, André II fils du roi de Hongrie, Dalmatie, Croatie
Bela III († 1199) en 1186 (?) et André petit-fils du marquis de Parodi
Guillaume *Sarraceno* († 1199) vers 1190. Cette attribution d'un nom
peu répandu qui se fait simutanément à trois princes en Bourgogne, en
Hongrie et en Italie doit découler d'une volonté souveraine et unique,
dominant l'Europe, qu'il faudrait connaître. En Bourgogne, le duc
Hugues III était, par sa mère Marie de Champagne qui vivait encore,
le cousin germain du roi de France Philippe Auguste et on pense tout
d'abord à la haute influence de la reine douairière de France, Alix de
Champagne († 4 juin 1206), tante du duc, d'autant mieux que Mar-
gue Marguerite de France, sœur consanguine de Philippe Auguste, née
en 1158, va épouser précisément en 1185, le roi de Hongrie Bela III
veuf d'Anne (*Xyst. Schier.* Dissertatio de Maria Porphyrogeneta
sponsa, Anna et Margarita, conjugibus réginis Belae III Hungariae
regis. Vindobonae [1770], in-8°). Dès 1183, le roi Bela III accorde
à l'abbaye de Citeaux et à son abbé Pierre des droits de
péage sur ses terres pour toutes sortes de marchandises (*Arch.* de la
Côte d'Or : Cart. de Citeaux, f° 97, n° 167. *Ernest Petit.* Ibid. t. III,
1889, p. 258, n° 717). Cela ne veut pas dire que son mariage avec
Marguerite de France fût déjà fait : c'est seulement une preuve,
après beaucoup d'autres, de l'influence de la France en Europe et des
relations constantes d l'orient avec l'occident qui existaient depuis
plus d'un siècle. En ce qui concerne les grands princes de Kijew descendants de Rurik, Iaroslav (1015 † 7 février 1054) commence par
donner sa fille Marie au fils du roi de Pologne Mieczislav II (1025-
1034) et c'est tout naturel puisqu'il est son voisin : mais, quand Mie-
zislav meurt, ses sujets cherchent partout son fils-Casimir pour monter
sur le trône et ils ne le trouvent poit. Après de longues recherches,
ils le découvrent à Cluny où il avait fait profession de moine. Il fallut
que le pape le relevât de ses vœux et enjoignit à l'abbé de Cluny de
le rendre à ses sujets. Les Polonais de cette époque avaient une dé-
votion particulière pour le sanctuaire de Saint-Gilles et y venaient en
pèlerinage : on garde le souvenir des deux rois Vladislav Iᵉʳ (1080-
1102), Boleslav III (1102-1139), fils cadet et petit-fils de ce Casimir
Iᵉʳ (1040-1059) qui le premier, y envoya ue ambassade et, le second,
y vint lui-même (*J. Malinowski.* L'ambassade de Ladislas Iᵉʳ duc de
Pologne à l'abbaye de Saint-Gilles et le pèlerinage de son fils Boleslas
III au tombeau de ce saint : *Mémoires* de la Société scient. d'Alais,
1878-1879, t. X, pp. 241-272. *U. Chevalier.* Répert. Bio-bibliographie,
1907, col. 4787). Après l'union polonaise de sa sœur, le grand prince
de Kijew Iaroslav (1015 † 7 février 1054) donne sa fille ainée. Anas-
tasie à André Iᵉʳ roi de Hongrie († 1060) vers 1050, puis sa fille cadette
Anne, née en 1024 se marie, en 1051, avec le roi de France Henri Iᵉʳ :
il est probable que l'ancien moine de Cluny, Casimir, devenu roi de
Pologne, a préparé les voies de cette union. Enfin, Wsevolod I, devenu grand prince de Kijew à la mort de son père Iaroslav, donnera

sa fille *Eupraxia* ou Praxède d'abord au marquis de Stade Henri, puis en 1089, à l'empereur Henri IV († 1106) veuf de Berthe. Henri IV avait, lui-même, doné sa sœur *Itta,* ou *Juditta* († 1102), en 1063, au roi de Hongrie Salomon (1063-1073 † 1087), fils d'André 1er, puis à Vladislav 1er roi de Pologne (1080-1102) veuf de Judith de Bohème Voilà quelques-unes des alliances qui s'étaient produites en Europe pendant le XI° siècle.

Ce ne serait pas l'influence de la reine de France Alix de Champagne qui aurait pu faire nommer André-Dauphin en 1184 et, après lui, André II de Hongrie en 1186 (?), puis André de Parodi vers 1190, si l'intervention de Philippe Auguste hostile au duc de Bourgogne Hugues III s'était produite dans le duché de Bourgogne pour le sire de Vergy vraiment dès 1183 (*Ernest Petit.* Hist. des ducs, t. III, p. 9) : on tendrait à penser que, quand le roi, à Chaumont en Vexin (1er novembre 1183-31 mars 1184), ratifie la charte communale donnée à Dijon par le duc, les relations courtoises ne sont pas encore rompues entre la France et le duché. Le duc va se marier à Saint-Gilles à la fin de 1183 avec Béatrix d'Albon, veuve de Taillefer, il se rend à Grenoble avec elle au début de 1184 pour passer un accord, entre l'évêque de Grenoble et lui, sur les droits qu'ils avaient dans l'enceinte de cette cité. Le pape Luce III confirme cet acte à Vérone le 13 juin 1184 et le duc rentre en Bourgogne où nait son fils Dauphin qui reçoit comme nourrice, Phélilie, gratifiée dès cette année, en cette qualité, d'une rente annuelle de neuf setiers de froment sur les revenus de Rouvre (*Arch.* de la Côte-d'Or : Cart. de la Sainte-Chapelle, n° 40. *Ernest Petit.* Histoire des ducs, t. II, pp. 417-418, n° 883). Ensuite le duc va, le mardi 3 juin 1186, à Orviéto, rendre au roi des Romains l'hommage qu'il doit à l'empire pour le Dauphiné : c'est alors que le roi de France se décide à entrer en guerre et pénètre, dans le duché, les armes à la main, au début de 1187 : M. Ernest Petit l'a bien vu. Au moment de la naissance d'André Dauphin, en 1184, l'influence de la reine de France Marie de Champagne doit donc être encore prépondérante : elle est la tante du duc et elle se prépare à envoyer la sœur consanguine de Philippe Auguste, Marguerite de France, née en 1158, comme femme au roi de Hongrie Bela III. Dès 1179, la politique d'expansion lui avait fait envoyer sa propre fille Agnès de France, âgée de huit ans, comme fiancée au fils de l'empereur Manuel Comnène (1143 † 24 septembre 1180) Alexis II Comnène âgé lui-même de douze ans et qui ne règnera que trois ans (24 septembre 1180 † octobre 1183) : précisément, la sœur de cet Alexis, Marie avait, en 1172, été fiancée au roi de Hongrie Bela III qui, en 1185, épouse Marguerite de France. Ces fiançailles de Marie Comnène n'ayant pas eu d'effet, elle épouse en 1179, juste au moment où son frère Alexis II reçoit Agnès de France, Raynier de Montferrat et lui apporte en dot, de son père l'empereur Manuel Comnène, le royaume de Salonique. Or, Raynier est le fils du marquis de Montferrat Guillaume le Vieux

(1126-1189), l'un des meilleurs serviteurs de l'empereur Frédéric barberousse et, ainsi, les intérêts de la France viennent s'enchevêtrer, en Europe, avec ceux de l'empire, depuis le Dauphiné jusqu'au Bosphore. Ce marquis Guillaume le Vieux, fils de Boniface et de Constance de Savoie, avait épousé Ita ou Judith d'Autriche, fille du marquis Luitpold (1096-1136) et d'Agnès de Franconie (1080-24 septembre 1143). La famille du marquis d'Autriche Luitpold jue un rôle important au milieu du XIIe siècle. Il a quatre fils, Luitpold duc de Bavière († 1141), Henri duc d'Autriche († 1177), Conrad archevêque de Salzburg († 1168), Otton évêque de Freising, chancelier de l'empire († 1158) : outre la marquise de Montferrat Ita, il a encore deux filles, Gertrude femme de Vladislav duc (1140-1159), puis roi de Bohême (1159-1174), et Berthe femme de Boleslav roi de Pologne (1145-1173). La femme du marquis Luitpold, Agnès de Franconie, fille de l'empereur Henri IV († 12 août 1106) et de sa première femme Berthe († 27 décembre 1087) est, par conséquent nièce de Jutta ou Sophie reine de Hongrie (1063-1073 † 1102). Elle avait été mariée deux fois. En premières noces, elle avait épousé Frédéric de Stauffen, souche de la Maison impériale de Souabe : l'empereur Frédéric Barberousse (1152-10 juin 1190) est ainsi son petit-fils et, en 1186, il donne sa fille Sophie au marquis de Montferrat Guillaume le Vieux dont la première femme Ita d'Autriche était morte. La sœur de Guillaume le Vieux, Mathilde, épouse le marquis de Parodi Albert Zueta (1145-1148) fils du marquis Gu'llaume *Franciscus* (1130-1138) et, par conséquent, père du marquis Guillaume *Sarracenus* (1166-1199). Il est le bisaïeul du marquis André le Blanc (1196-1233). L'un des fils de Guillaume le vieux, Boniface († 1207) épouse Marie l'une des deux filles du roi Bela III de Hongrie, Marie : l'autre, Constance, épouse le roi de Boheme Przemislav (1199-1231) fils de Vladislav et de Gertrude d'Autriche. La sœur de Bela III, Hélène, épouse Luitpold duc d'Autriche (1177 † 21 décembre 1194) fils de Henri († 1177) et Agnès, sœur de ce Luitpold, épouse enfin le roi de Hongrie Etienne III (1173-1176) frère et prédécesseur de Bela III. Tout ce monde là se tient de fort près. Ces faits se trouvant groupés, on peut faire le départ entre les deux influences maitresses qui ont dû, ainsi, s'exercer sur les berceaux si rapprochés, dans l'ordre du temps, et si éloignés, dans l'ordre de l'espace, d'André-Dauphin (1184) en Bourgogne, d'André II (1186 ?) en Hongrie, d'André le Blanc (1190 ?) en Ligurie.

En ce qui concerne André-Dauphin, son père, en 1184 le nomme seulement Dauphin : « Hugo, dux Burgundie et Albonii comes... donavimus... Phelilie (*Phelisie* ?), nutrici Delphini (*Delfini* ?), filii nostri... cujus rei testes sunt Beatrix ducissa Burgundie... » (*Petit*, t. II, p. 417). Il est évident que ce nom de *Dulphus* a ete reçu par l'enfant le jour de sa naissance et qu'il lui a été donné parce qu'il continue le surnom patronymique héréditaire de l'aïeul et du bisaïeul maternels dont il est, par sa mère, le seul héritier possible. En donnant à son fils ce nom de naissance étranger à sa propre Maison — et il peut le faire parce qu'il avait déjà eu un fils aîné Eudes III héritier de son duché — le duc affirme le droit héréditaire du nouveau-né sur le Dauphiné au détriment de la branche cadette des Guigues qui resteront uniquement comtes de Forez. Il faut donc que le nom d'André, joint ensuite à ce nom de naissance, soit un surnom de baptême. L'influence de la mère du duc, Marie de Champagne et de sa tante la reine de France Alix de Champagne, a pu se marquer dans le choix de ce surnom de baptême : après tout ce qui vient d'être dit, il semble, cependant, que la tradition du nom d'André n'ait pas existé dans les maisons souveraines à cette époque, en dehors du grand prince de Wladimir saint André (1157-1174), fils du fondateur de Moscou, ce qui était un fait récent, et d'André Ier roi de Hongrie (1046-1060), ce qui, plus éloigné, semble bien étranger à la Maison de France où à la Maison de Champagne. Filles de Thibaud IIe comte de Champagne et IVe de Blésois († 8 janvier 1152), il est vrai que Marie et Alix avaient eu pour mère Mahaud de Carinthie : cette origine ramène l'esprit à ces frontières sud-est de l'empire, limitrophes du royaume de Hongrie, où, mieux que partout ailleurs, avait dû se conserver la mémoire du malheureux roi de Hongrie André Ier dont le fils Salomon († 1087) et la belle-fille Itta de Franconie († 1102) avaient survécu assez longtemps à leur chute définitive (1073), malgré tout l'appui qu'avait pu leur prêter la Germanie. Si le surnom d'André a ainsi été donné par la reine de France Alix de Champagne, en 1184, à Dauphin, fils du duc de Bourgogne, mieux encore a-t-elle pu le donner, en 1186, au fils de Marguerite de France et du roi de Hongrie Bela III. Quant à André le blanc fils, vers 1190, de Moruello et petit-fils du marquis de Parodi Guillaume le Sarrasin (1166-1199), il est inutile de penser à une influence aussi élevée sur son berceau. Guillaume le Sarrasin avait épousé Alix fille du marquis de Malaspina Moruello. Ce marquis Moruello avait deux frères dont l'un, Opizzo, avait pour fils le marquis Conrad, mari d'Agnès chanté par Albertet : Benedetto fils de Conrad, épousa une fille du marquis del Bosco Guillaume (1131-1173) et de Marie d'Albon. Déjà, Marie d'Albon, fille de Guigues VIII-Dauphin, avait donné à l'un de ses enfants le nom de Delfino (1179-1216). Il n'est pas surprenant que, pour obéir à son influence, les marquis de Malaspina, après avoir fait passer leur nom de Moruello au fils du marquis de Parodi Guillaume le Sarrasin, aient fait également passer celui d'André au petit-fils de Guillaume le Sarrasin.

⁴⁸ *Cesare de Lollis.* Il Canzoniere provenzale *O* (Codice vaticano 3208). Roma, tipogr. della R. accademia dei Lincei. 1886 (Reale Accademia dei Lincei, anno CCLXXXIII : 1885-86. Serie 4ᵉ. Memorie della Classe di scienze morali, storiche e filologiche, vol. II. Seduta del 16 maggio 1886), p. 27, n° 31 : Albertet et pp. 28-29, n° 33 : Albertet.

La dernière pensée de Taillefer, en 1183 à Vizille, a été, semble-t-il, pour les Chartreux de Durbon à qui il donne des pâturages en leur confirmant l'aumône de son père : « ego, Tallafers, Viennensium et Albonensium comes, confirmo sigillum et elemosinam quam pater meus Raimundus, dux Narbone, comes Tolose, marchio Provincie concessit « (*P. Guillaume*. Chartes de Durbon, p. 124, n° 160).

Le veuvage Béatrix fut court : étant venue à Saint-Gilles à la mort de son mari pour voir son beau-père, c'est là qu'aussitôt, sans attendre la fin de l'année, le duc de Bourgogne, après s'être débarrassé de sa propre femme, vint la quérir pour obtenir par elle l'extension de son duché français vers le midi dans le royaume de Bourgogne :

Anno Domini M.C.LXXXIII. Hugo dux Burgundiae Beatricem filiam Delfini comitis Alboni duxit in uxorem apud Sanctum Egidium (*Petite chronique* de Saint-Bénigne de Dijon : *Chifflet*. Lettre touchant Béatrix comtesse de Chalon. Dijon. MDCLVI, p. 43).

Et, de suite aussi, le duc donne à Béatrix ce qu'elle avait vainement attendu de Taillefer, si l'on peut dire, depuis qu'elle était au monde, c'est-à-dire un fils.

L'accord passé par le duc, au nom de sa femme, avec Jean évêque de Grenoble en 1184 et l'approbation qu'en fait, sur sa demande, le pape Luce II, à Vérone, le 13 juin 1184 ont été publiés par Valbonnais (*Histoire* de Dauphiné, t. I, pp. 181-182, pr. de la généalogie de la Tour-du-Pin, lettre F.).

Suivre plus loin le règne de Béatrix serait faire l'histoire de son fils André Dauphin et aller au-delà de la première maison d'Albon.

En 1193 et en 1194, après la mort de son mari « l'Illustre duc de Bourgogne », elle fait plusieurs dons à Oulx (*Cart.* d'Oulx, n°⁸ 43, 47, 50) et à Bonnevaux (Cart. de Bonnevaux, n° 417).

Elle teste le 6 et le 14 décembre 1228 à Vizille où elle meurt le 16. Elle se fait enterrer aux Ayes (*Salvaing de Boissieu*. Usage des fiefs. L. 5-6. — Cartulaire de Saint-Robert, n° 3 : *Auvergne*. Académie delphinale. Documents inédits relatifs au Dauphiné, 1ᵉʳ volume contenant le Cartulaire de Saint-Robert et le Cartulaire des Ecouges. Grenoble. Prudhomme, 1865. pp. 4-7. — Necrologe de Saint-Robert de Cornillon, n° 350 : *C.-U.-J. Chevalier*. Acad. delphinale. Doc. inédits, 2ᵉ volume, 4ᵉ livr., p. 59).

En ce qui concerne l'enceinte urbaine de Vienne, par un acte daté de Crémieu le 9 novembre 1337, Humbert II acquiert, pour 6.000 florins, les prétentions subsistantes de Guillaume de Vienne seigneur de Saint-Georges (*Valbonnais*. Hist. de Dauphiné, t. II, pp. 347-348, pr. n° CIV). L'archevêque de Vienne ayant pour ainsi dire trahi son devoir en livrant au Roi de France Sainte-Colombe *clavis et porta Imperii*, par suite, le 22 août 1338, à Vienne, dans la rue devant Saint-Estève, les citoyens de Vienne, au nom de leur cité, par-devant Humbert, Dauphin de Viennois, duc de Champsaur, *Viennae comite et Albonis ac palatino, pro tribunale sedente in judicio*, le reconnaissent formellement comme comte de Vienne, sous réserve de la fidélité qu'ils doivent à l'Empereur et à l'Eglise. Ils lui remettent les clefs de la cité (*Ibid.*, t. II, pp. 363-364, n° CXVIII). Cinq jours après, le 27 août 1338, dans le chapitre de Saint-Maurice, les chanoines, à leur tour, reconnaissent que le Dauphin est *comes Viennae palatinus*, archisénéchal des royaumes de Vienne et d'Arles. Ils lui commettent la garde de la cité et de la maison des Chanaux : cependant, ils retiennent le château de Pipet, le mont Salomon, le mollard de Sainte-Blandine, le cloître et le péage. Le Dauphin leur assure 800 livres de rente en bons Viennois (*Ibid.*, t. II, pp. 364-368, n° CXIX). Le 29 août, Sibeud de Clermont est nommé vehier delphinal dans la cité et vicomte delphinal pour le comté (*Ibid.*, p. 369, n° CXXI), tandis que le Dauphin devient chanoine (pp. 368-369, n° CXX). Il est vrai que, sur la plainte de l'archevêque de Vienne, le pape Benoît XII casse, à Avignon le 20 novembre 1340, cette cession faite au Dauphin par le Chapitre de Vienne de sa juridiction sur la cité de Vienne. ([*Valbonnais*]. Mémoires, 1711, pp. 435-436, n° CLVI), mais, finalement, un mandement du 8 janvier 1378 émané de l'Empereur Charles IV, enlève au chapitre la garde du château de Pipet et de la maison des Chanaux : son précepte du même jour confie cette garde à Charles de France, Dauphin de Viennois (Arch. de l'Isère : Registre de la Chambre des Comptes intitulé *Droit du Dauphin* f° 12). Le lendemain, 9 janvier, un nouveau précepte impérial crée le Dauphin lieutenant et vicaire général de l'Empire 1° dans tout le Dauphiné de Viennois, 2° dans les diocèses de Valence et de Die (*Ibid.*, f° 8). Ce même jour, un dernier précepte de Charles IV crée le Dauphin lieutenant et vicaire général de l'Empire dans tout le royaume d'Arles et ses dépendances, sauf dans le comté de Savoie et ses dépendances (*Ibid.*, f° 3). Tel est en somme l'état légal qui a permis à la France de s'approprier les derniers vestiges du saint Empire Germanique dans les provinces modernes issues du royaume médiéval de Bourgogne.

Dès lors, la Provence et le Comtat se trouvaient dépendre réellement de la suzeraineté française : la Maison de Savoie, armée chez elle d'un titre analogue et contraire, ne tarda pas, quoique le précepte du 9 janvier 1378 eût dû l'en empêcher, à l'étendre en s'emparant de la Provence et elle prit, comme base de son action, la vallée de Barcelonnette. La reine Jeanne, en 1348, avait donné Meyronnes et Saint-Paul au marquis de Saluces : au début de 1385, Jausiers (28 janvier), Tournoux (2 février), Saint-Paul (1er avril) se soumettent à Amédée VII comte de Savoie. Nommé, le 14 avril 1388, sénéchal des comtés de Provence et de Forcalquier par le roi Ladislas, Jean de Grimaldi, seigneur de Beuil, profita des fonctions qui lui étaient ainsi confiées pour trahir son souverain. Le 2 août 1388, à Chambéry, il promet, en secret, à la Savoie de lui livrer la viguerie de Nice et, même, toute la Provence. Acceptant, le 25 août, cette trahison, Amédée VII lève, le lendemain, la bannière de l'Empire pour réaliser sa conquête, ce qui était contraire au droit que la Maison de France tenait de l'Empire lui-même sur la Provence. Nice se soumet à Amédée le 28 septembre, non sans hésitation et pour trois ans seulement. Le comte de Savoie ne put dépasser la ligne du Var ; mais, une fois dans la place de Nice, il ne devait plus en partir. Le 5 octobre 1419, cette occupation illégale fut reconnue par le comte de Provence et elle devait se prolonger plus de quatre siècles au préjudice des droits légaux de la France (*E. Cais de Pierlas. La ville de Nice pendant le premier siècle de la domination des princes de Savoie*, Turin, Bocca, 1898).

Devenue maîtresse de la Provence, la France essaya, dès le XVIᵉ siècle, de récupérer Nice. Voici le préambule des lettres du roi François Iᵉʳ, données à Lyon le 11 février 1535/6, qui marquent le début de cette action : « François, par la grâce de Dieu, Roy de France, à tous ceux que ces présentes lettres verront, salut. Comme, de long temps & par plusieurs & diverses fois, nous ayons fait dire, remonstrer & entendre à nostre cher & amé oncle Charles duc de Savoye que le Comté de Nice, villes, chasteaux, appartenances & dépendances d'iceluy nous compètent & appartiennent & ont appartenu à nos prédécesseurs Comtes de Provence qui en ont jouy paisiblement jusques à ce que les prédécesseurs ducs de Savoye, de leur authorité privée, sans cause ne moyen valable, ont occupé & détenu ledit comté de Nice & ses dites appartenances & le détient & occupe encores de présent nostre dit oncle, ... à quoy nostre dit oncle n'ayt voulu entendre comme il a fait par cy-devant de délays & longueurs équipollens à refus .... Donné à Lyon, le XI jour de février mil cinq cent trente cinq & de nostre règne le XXIIᵉ. *Signé* FRANÇOIS *et, plus bas*, Bochetel. » (*Samuel Guichenon. Histoire de Bresse et de Bugey*. Lyon. Jean Antoine Huguetan, MDCL, quatriesme partie contenant les preuves, pp. 34-35).

BLEAU GÉNÉALOGIQUE
DE
REMIÈRE MAISON D'ALBON
(843 - 1228)

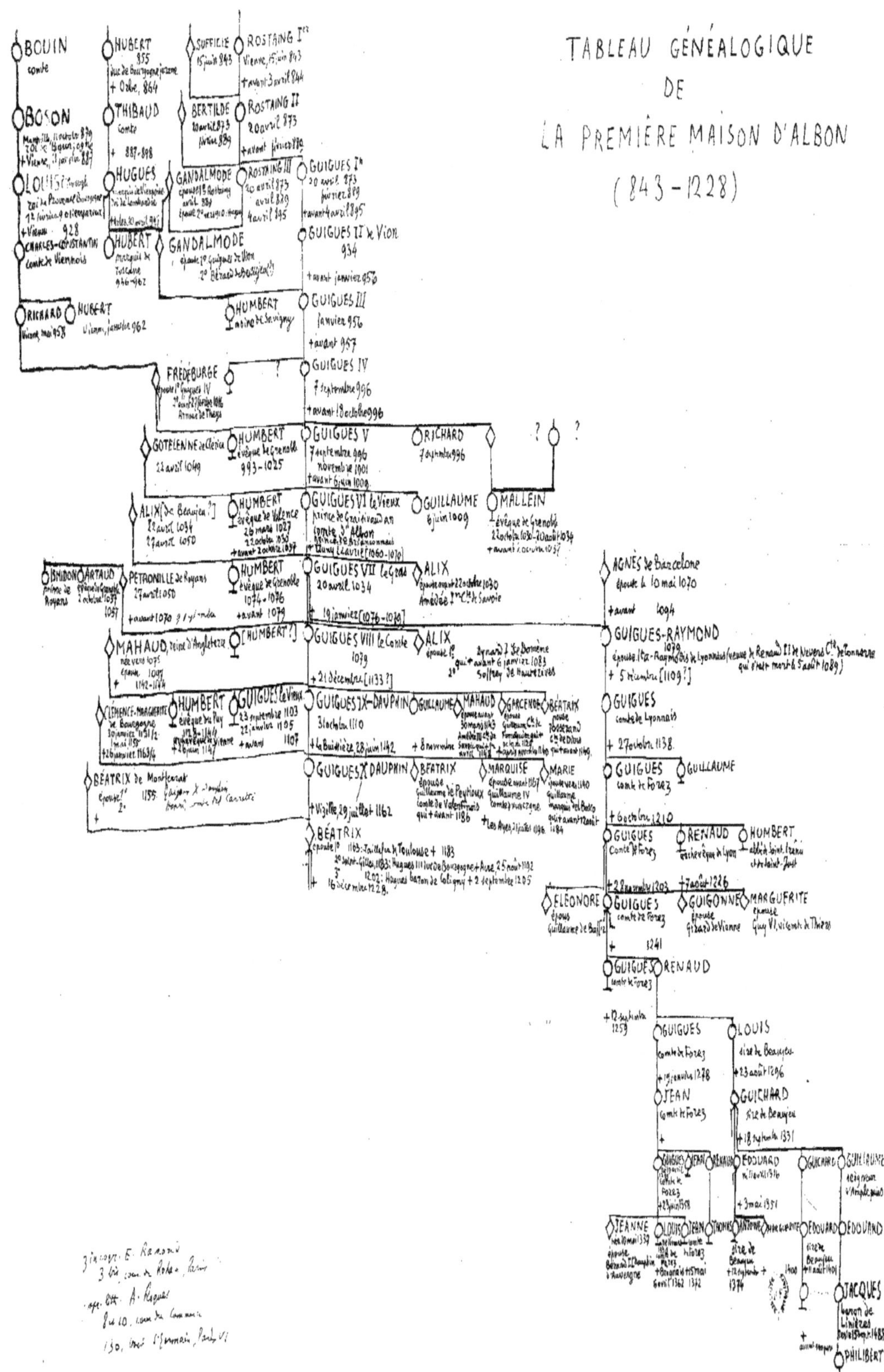

TABLEAU GÉNÉALOGIQUE
DE
LA PREMIÈRE MAISON D'ALBON
(843 - 1228)

TABLE DES MATIÈRES

Préface. **7**

Le Dauphiné, héritage de la Maison d'Albon.   **9**

Les textes diplomatiques maintenant édités
   sont la base de son histoire.............   9-10

Les origines maintenant connues de la Savoie, de la Provence et du Valentinois en
   délimitent l'obscurité..   10

La Viennoise barbare et la Provence romaine
   (5 mai 450)....   10-11

La cité viennoise de Grenoble divisée en Savoie burgonde et en Graisivaudan romain
   (443-457)   11

La Marche de l'Empire d'Occident depuis
   Charlemagne passe de l'ouest à l'est par
   Vienne en Bourgogne (901-905), après avoir
   quitté la France romane pour gagner la
   Germanie.   11-12

Vienne, capitale du royaume de Bourgogne-
   Provence (879-933), puis cité française
   (933-942), puis cité du royaume de Bourgogne jurane (942-1032) : la Maison d'Albon
   a pu naître sous ces trois dominations
   successives.   12

Les deux indices médiévaux de stabilité : hérédité onomastique, hérédité domaniale.....   12

Le nom constant et redoublé des barons de Mévouillon ; les trois noms de l'aîné, du puiné et du cadet des barons d'Oze ; les deux noms alternants des barons de Beaujeu. 12-13

Comment naissent les deux noms des comtes d'Albon : Humbert prince spirituel est l'aîné, Guigues prince temporel est le puiné de chaque génération.... 14

Leur terre primitive de Vion, dans le comté de Viennois, au pays d'Annonay............ 14-15

Le nom du propriétaire lui est donné souvent par sa terre : Guigues viendrait donc de Vion. 15-16

A quoi peut se rattacher le nom de Vion.... 16

Guigues II de Vion ,étranger à la famille des comtes de Viennois, peut appartenir à la famille des viguiers du pays d'Annonay.. 16 17

Sa femme *Gandalmoda* peut être fille du comte de Viennois, roi de Lombardie Hugues (890-947) 17-19

Guigues II de Vion paraît être le fils de Guigues Ier, le petit-fils de Rostaing-II (873-889), l'arrière petit-fils de Rostaing Ier (843-844) viguiers du pays viennois d'Annonay. 19-21

Humbert et Guigues III de Vion, fils de Guigues II (942-956) ?.......... 21

Guigues IV de Vion et sa femme Frédéburge (996), fille (?) du comte de Viennois Richard. 21-24

La diminution du pouvoir royal au profit des évêques et des comtes du royaume de Bourgogne (993-1032) 24 26

L'évêque de Grenoble Humbert Ier, son frère Guigues V (996-1001). avoué de l'église de Grenoble, époux de Gotelenne de Clérieu.. 26-30

Humbert, évêque de Valence et son frère Guigues VI, époux d'Alix de Beaujeu....... 30-33

Guigues VI reçoit, de l'archevêque de Vienne Brochard, en fief, le comté du Viennois méridional et devient ainsi comte d'Albon (1029). 33-35

Guigues VI reçoit le Briançonnais, détaché du diocèse de Maurienne et uni au diocèse d'Embrun, comme principauté immédiate de l'empire (1039-1043). 35-36

Mort de Guigues VI « le Vieux », moine à Cluny (1060-1070). 36-37

Humbert II, évêque de Grenoble et Guigues VII, « le Gras », époux de Pétronille de Royannais. 37-39

Le second mariage de Guigues VII avec Agnès de Barcelone (1070) et sa mort. . . . 39-42

Guigues VIII « le comte », son frère consanguin Guigues-Raymond (1079-1133). 42

Saint Hugues, évêque de Grenoble, adversaire du pouvoir indivis et héréditaire concédé par ses prédécesseurs sur l'évêché de Grenoble à Guigues IV comme avoué de son église et, par suite, prince de Graisivaudan. 42-45

Le mariage de Guigues VIII avec la reine Mahaud d'Angleterre : ses deux fils Guigues le Vieux et Guigues IX-Dauphin. 46-48

Le règlement final du conflit entre l'évêque de Grenoble et le prince de Graisivaudan. . . . 48-51

Le mariage de Guigues-Raymond avec Ide-Raymonde de Forez (1089-1109). 51-52

Alix d'Albon, sœur de Guigues VIII. 52-53

Humbert, évêque du Puy, archevêque de Vienne, son frère Guigues IX-Dauphin : leurs sœurs Mahaud, comtesse de Savoie, Garcende, comtesse de Forcalquier, Béatrix, comtesse de Diois. 53-55

Le mariage de Guigues IX-Dauphin avec Clémence de Bourgogne et sa mort (1142). . . . 55-57

La famille de Clémence de Bourgogne possède le comté urbain de Vienne, par sa grand'mère paternelle Stéphanie femme du comte de Bourgogne Guillaume Ier Tête-Hardie. 57-61

Stéphanie n'appartient pas à la Maison des comtes de Forez..... 61-63

Gerold comte de Genevois n'appartient pas à la Maison des comtes de Nyon et de Genevois. 63-66

Fils d'Eberhard III comte de Nordgau, il est créé en 1020 comte de Genevois puis en 1029 comte urbain de Vienne : il est le père de Stéphanie. 66-69

Guigues X-Dauphin, ses sœurs Béatrix comtesse de Valentinois, Marquise comtesse d'Auvergne, Marie marquise del Bosco... 69-70

Guigues X reçoit le droit de frapper monnaie à Césanne en Briançonnais (1155).......... 70-71

Il reçoit en fief de Berthold IV de Zaehringen, vice-roi éphémère de Bourgogne, ses droits sur l'enceinte urbaine de Vienne.... 71-72

Ces droits se trouvant éteints, l'archevêque de Vienne devient archichancelier du royaume de Bourgogne et Guigues X comte palatin de Vienne (1157).................... 72

Le mariage de Guigues X avec Béatrix de Montferrat et sa mort (1162)........... 72-74

Béatrix d'Albon, fille unique de Guigues X. Son mariage stérile avec Albéric Taillefer de Narbonne (1163)..................... 74-75

Son second mariage avec Hugues III duc de Bourgogne dont elle a Dauphin-André, Mahaut comtesse de Chaunois, Marguerite comtesse de Savoie (1183).............. 75

Son troisième mariage avec Hugues, baron de Coligny, dont elle a Béatrix, baronne de la Tour-du-Pin, Marie, comtesse de Genevois (1202).   75

Le troubadour Albertet et la mort de Béatrix d'Albon (1228).   75-77

Conclusions.   77-78

NOTES.   79-99

PLANCHES HORS TEXTE :

I. Don de Guigues II à Cluny (933-934). . . . . entre les pages   16 et 17

II. Mariage de Guigues VII et d'Agnès de Barcelone (1070), entre les pages.   32 et 33

III. Don de Guigues VIII et de son frère Guigues-Raymond à Manthes (1079) . . . . entre les pages   48 et 49

IV. La première Maison d'Albon (843-1228). . . . . entre les pages   100 et 101

www.ingramcontent.com/pod-product-compliance
Lightning Source LLC
LaVergne TN
LVHW021725170726
843503LV00004B/1413